culture+fiction | 社科文化

中国历史的教训

习骅◎著

中国方正出版社
中信出版社

图书在版编目（CIP）数据

中国历史的教训 / 习骅著. —北京：中信出版社，2015.1
ISBN 978-7-5086-5004-3
I. ①中… II. ①习… III. ①反腐倡廉–中国–通俗读物 IV. ①D630.9-49
中国版本图书馆CIP数据核字（2014）第310048号

中国历史的教训

著　　者：习　骅
策划推广：中国方正出版社
　　　　　中信出版社（China CITIC Press）
出版发行：中国方正出版社
　　　　（北京市西城区广安门南街甲2号　邮编　100053）
　　　　中信出版集团股份有限公司
　　　　（北京市朝阳区惠新东街甲4号富盛大厦2座　邮编　100029）
　　　　（CITIC Publishing Group）
承 印 者：北京诚信伟业印刷有限公司

开　　本：880mm×1230mm 1/32　　印　　张：7.75　　字　　数：140千字
版　　次：2015年1月第1版　　印　　次：2015年5月第9次印刷
广告经营许可证：京朝工商广字第8087号
书　　号：ISBN 978-7-5086-5004-3 / D · 298
定　　价：28.00元

中国历史的教训

目录

白胡子老人讲古今

在我的老家，“故事”不叫“故事”，而叫“古诫”，如同习近平总书记所说的“历史经验、历史教训、历史警示”；或者叫“古今”，相当于克罗齐所谓“一切历史都是当代史”。

我小时候最爱听人讲古今。

记得毛主席还在世的时候，有一天黄昏，我玩累了准备回家，看到两个白胡子老人蹲在老街街头，抽着烟袋，正眉飞色舞地讲古今。那时候人们都喜欢蹲着，可能是为了减少热量的消耗吧；

而且言多必失，蹲着讲目标要小一点儿。于是我悄悄凑过去，蹲下来偷听。

不知不觉天完全黑了下来，突然，其中一位老人家举起烟袋锅指着我说：“这孩子将来会看到不少大事，我们赶不上了。”

从此我幼小的心灵里满是期待和焦虑，好比填满了烟丝的烟袋锅，动不动亮一下冒冒烟：我到底会看到什么大事？什么时候才能看到？

后来“四人帮”倒台了，再后来我考上了大学，同时整个社会从漫长的冬眠中苏醒，伸伸懒腰，动了起来。人们整天忙碌着，脸上洋溢着笑意，头发烫了，裙子短了，在电视机大声播放《射雕英雄传》的间隙，房子盖起来了，甚至开上了汽车——过去全县只有一辆，是县委书记坐的……这一切如同变戏法一样，是在慢吞吞的中国历史的一瞬间实现的，今天细细回想，仍然以为在梦中。

想着想着，有一天我终于恍然大悟：改革开放改变了亿万中国人的命运，改变了中国历史，这事还小吗？

其实这只是故事的开始。

政治家好比家庭主妇，永远有做不完的事。从经济学的角度看，如果说邓小平做了一块大蛋糕，基本解决了效率问题，那下一个要解决的就是公平问题，也就是如何把蛋糕做得更大、切得更合理。干部的作风问题和腐败现象既是社会不公的重要表现，又是社会不公的重要原因，成了中国现代化转型的拦路虎。

2012年11月召开的党的十八大，面对的就是这样一个严肃的历史课题。白胡子老人的预言再次应验：十八大之后，中国的改革列车陡然提速，正党风、反腐败风暴更是摧枯拉朽，速度和力度出乎所有人的意料，网上网下，一片欢呼！在人的思想逐渐多元的今天，这种一致并不多见，何况它更多来自于理性：一个国家只有安上了效率和公平两个翅膀，才能昂首飞翔于世界，所谓中华民族的伟大复兴，无非如此。

邂逅伟大的历史节点自然幸运，更重要的是参与。党的十八大闭幕24个月了，我借《中国纪检监察报》讲了24个“古今”，以特写镜头，放大了古今中外不同类型公职人员的奇异形象。看起来我在说故事，其实是在写时评，目的是与广大公职人员共同思考过去、现在和未来，共同加深对中央大思路的理解，共同增强创造历史的责任感和自觉性，不在王岐山同志所称的“输不起的斗争”（反腐败）中掉队或脱逃，不与历史车轮背道而驰。

同时，我也在悄悄告诉非公职人员，对反腐风暴不能止于欢呼，更不能止于围观和猎奇，因为中华民族的伟大复兴，是全民族的共同梦想，没有全民族群策群力就不可能实现。

24个“古今”里既有清官能吏忠臣，又有贪官懒官巧官；既有守规矩识大体的普通党员，又有犯了低级错误的高级干部；既追溯了中共成功的历史文化根源，又透过表象挖掘了苏共溃败的深层原因。24 个古今里的不同人物，有的伟岸得让人拍案叫绝，有的卑劣得让人不可思议，有的愚蠢得让人顿足捶胸，个个似曾相识、如在左右，不是成功的经验就是“历史的教训”。根据读者反馈和领导指示，现将报纸上的 24 个“古今”稍加修整，奉献于此。

“知我者，谓我心忧；不知我者，谓我何求！”用心的作者加上思考的读者，等于一本书的完整价值。读了这本书，如果你的头脑中闪现了这样的问号，我会深感欣慰：100 年后，当白胡子老人讲述今天这段历史的时候，你会是 24 个“古今”里的哪个人呢？为了超越历史的教训，你做过什么呢？

中国历史的教训

上编

公务人员是政权大厦的四梁八柱，严明的纪律是梁柱的防腐剂，是保持其长久支撑力的基础。

历史的经验是：法纪越严，官越不好当；官越是不好当，国家越是前途无量，人民越是充满希望！

军机处的纪律

朱元璋得了天下不久，就召集大臣开研讨会，主题十分严肃：元朝曾经那么强大，为何不到百年就灭亡了？大臣们普遍认为，元朝的统治太宽松了。朱元璋纠正说：元朝是对官员太宽松了！

朱皇帝发现了一条重要的执政规律，史鉴凿凿。

一

清乾隆五十三年（1788 年），一场政变推翻了越南政府，国王黎维祁紧急求救。两广总督孙士毅受命带兵平叛，马到成功。

黎维祁十分感激，主动要求孙士毅当国王，自己退居二线。

乾隆当然很高兴，封孙士毅为一等谋勇公，调他回京出任军机大臣、兵部尚书。

此时的孙士毅何等威武，直到遇到和珅。

回京第二天，孙士毅早早等在皇帝办公室外，静候乾隆接见，手里把玩着什么东西打发时间。军机大臣和珅过来了，笑眯眯打招呼：

“大英雄回国，带啥奇珍异宝了？”

孙士毅说：“哪有？哪有？”

和珅假装不高兴：

“没有？您手里是啥宝贝？”

孙士毅敷衍道：“啊，就一鼻烟壶。”

和珅一把夺过来，只见这鼻烟壶在阳光下玲珑剔透、美轮美奂，竟然是一颗特大珍珠雕成的，足有鹌鹑蛋那么大。

和珅简直爱不释手：“这东西真不错，送给我吧？”

孙士毅赶紧解释：“不好意思，这是献给皇上的，我都报告过了，下回再给你弄一个。”

和珅拍拍孙士毅的肩膀：“开个玩笑，我哪里配玩这个。”

过了几天，和珅突然来到孙士毅办公室，压低嗓子，神情诡秘地说：

“巧了，我也弄了个鼻烟壶，但是不知道好不好，你帮我看看？”

孙士毅一看，大吃一惊：这正是自己送给皇上的！

孙士毅是个细心的人，他悄悄查阅了皇上的赏赐登记簿，近期并无任何赏赐记录！

时间久了，孙士毅懂了，和珅可以随意出入宫廷任何一个禁区，如同在自家一样。和珅没事最喜欢去内务府库房转悠，只要发现喜欢的东西，拿了就走，不跟任何人打招呼。后来嘉庆皇帝抄他的家才知道，国内外进贡给乾隆皇帝的宝贝，最好的都在和珅家。

孙士毅不禁暗自叹息：宫中那么多管理制度，在和珅面前竟然如同一张废纸，这不是什么好现象！

岂止是资产管理规矩，就是军事制度照样是一纸空文，后果也更加严重。乾隆帝的养子福康安，领兵镇压苗民起义。到了前线受不得苦，居然把军事指挥权交给副手代劳，自己整天待在司令部里喝酒行令，欣赏歌舞表演。西南苗民起义始自雍正时期，一直到同治时期才勉强了结，前后拖了120多年，把大清拖得疲惫不堪，这是一个重要原因。

康熙皇帝晚年身体不好，工作积极性不比当年，特别是对干部过于宽容，奉行的是“睁一只眼闭一只眼”的政策，埋下了官场风纪滑坡的种子。乾隆皇帝宠信和珅之后，纲纪废弛，吏治败坏，官员们逍遥自在，康乾盛世便走到了末路。自嘉庆时期开始，各种规矩都不作数了，于是大清国运一路下滑，所有皇帝没过过一天安生日子。

嘉庆帝最为无奈的是，内部经常发生泄密事件，皇上要处理谁、提拔谁，还没发文，当事人就知道了。调查结果令他十分震惊：消息是从军机处泄露出去的！

军机处是皇帝最高办事机构，贯彻落实的都是军国大事，保密纪律自然少不了，怎么会出这种事呢？

原来，不知道从何时起，军机处俨然成了通讯社，各种国家机密源源不绝外流，国家权力中心一点儿严肃性都没有。嘉庆帝本人对此有详细叙述：许多人没事就往军机处跑，办公室和走廊里，整天吵吵嚷嚷、人来人往，活像闹市区。如果问他们来军机处做什么，回答有两种，一是来汇报工作的，二是来找领导签字的。实际上都是来打探消息甚至做交易的！

种瓜得瓜，种豆得豆。嘉庆十八年（1813 年），几个农民差点儿把皇宫连锅端，这一点儿都不奇怪。

二

嘉庆皇帝的爷爷雍正皇帝，当年的做法完全不同。

康熙归西，雍正登基，朝鲜国王派特使来北京庆贺。这个特使具有超凡的观察力，回国后报告国王：大清很有希望，康熙朝的兴盛将会延续。国王问理由何在，特使用细节说话：

“康熙晚年，我每次到北京，看到紫禁城内外的警卫人员，个个松松垮垮，没个站相，根本不像军人。夏天更糟，有的干脆脱掉军服、扔下枪械，光着膀子喝茶、睡觉、下棋、吃西瓜，互相打闹戏耍。这回大不一样，警卫部队风纪严谨，态度严肃，着装整齐划一，目光炯炯有神，一副随时准备出击的样子，让人顿生畏惧之心。”

朝鲜特使没有看错，雍正确实是胸怀大志、锐意进取的大政治家，在中国历代帝王中排名靠前。为了大清的长治久安，他创设了军机处，集中权力推行新政。他严明纪律、规范行为，从重从快打懒肃贪，铁血凛然整顿官场。在很短的时间内，官场风气和社会风气竟然焕然一新，行政效率大幅提高。政治清明，经济自然发展，库存充盈，迅速弥补了前朝赤字。

其中，雍正时期军机处官员的作风情况，跟嘉庆朝有着天壤之别，很能说明问题。

对军机处，雍正一开始就要求很严格、很明确。一是规定大家必须在凌晨五点之前到岗，并且保证今日事今日毕，不得拖拉；二是改变惯例，减少递送公文的层级，做到直接送达，竟创造了日行800里的纪录，很像今天的“快递”，保证了政令畅通；三是严格保密纪律和廉政制度，决不允许跑风漏气和以权谋私。

四川布政使程如丝犯了大罪，在死刑判决书送达成都之前一

清代军机处设立后，军机处官员议事情景。

周，程如丝就知道了结果，并以自杀逃避了法律制裁。雍正抓住这个案例，严肃处理了泄密者，开展了警示教育，完善了制度，为军机处工作人员画了一道醒目的红线。

最早在军机处工作的张廷玉，深受皇帝信任，几乎所有重要文件都是他起草的，是知道秘密最多的人。但他一脸严肃，一个铜板不收，昼夜埋头干活，没有任何人敢到军机处找他聊天。和珅那样的军机大臣，在雍正时期根本没有生长土壤。

三

在中国封建社会历史上，堪称“盛世”的黄金时代寥若晨星，康乾盛世是其中之一，且绵延百年不断，超过整个清朝历史的三分之一。但是，连接康熙和乾隆这两座高峰的桥梁，正是雍正时期，雍正皇帝是康乾盛世成型的关键。

设想一下，假如没有他的创新精神和严刑峻法，康熙朝后期的弊政持续发酵，乾隆帝就不可能那样成功，所谓的“康乾盛世”，顶多是“康熙盛世”。所以不少史家主张，所谓的“康乾盛世”，实际上是“康雍乾盛世”。

奇怪的是，康熙和乾隆都享有“宽仁”的美誉，雍正这样负责任的帝王，却背着“严苛”的恶名。殊不知，无视法纪是官员责任意识缺失的结果，也是贪污腐败的前奏。如果朝廷热衷于当好好先生，带头把规矩当摆设，官员肯定舒服无比、为所欲为，老百姓的日子就不舒服了。老百姓活得痛苦，政治统治能长久吗？载舟的水一旦沸腾，清朝一定是另一个元朝，哪会享有近300年江山！

公务人员是政权大厦的四梁八柱，严明的纪律是梁柱的防腐剂，是保持其长久支撑力的基础。党的十八大以来，党中央以壮士断腕的气概、秋风扫落叶的力度，狠抓干部作风建设，全面围剿“四风”现象，一个节点一个节点缩小越轨空间，对违纪违法行为零容忍、严处罚、快了结。短短一年多时间，人民群众亲眼看到干部作风、社会风气一天和一天不一样，谁不喜出望外、欢欣鼓舞！

在十八届中央纪委三次全会上，习近平总书记对纪律问题进行了更深入的阐述，掷地有声地宣示要“使纪律真正成为带电的高压线”，严肃提醒全党：“遵守党的纪律是无条件的，要说到做到，有纪必执，有违必查，不能把纪律作为一个软约束或是束之高阁的一纸空文。”（参见新华网新闻报道《使纪律真正成为带电的高压线》——编者注）

事实上，随着规定越来越细、笼子越扎越紧、查处越来越频繁、高压线的电流越来越强，广大干部对纪律和制度的敬畏，从未像今天这样强烈；心存侥幸的人，越来越少。于是，“官不好当了”的慨叹出现了。

这样的叹息声，是一个令人振奋的好现象、好消息、好兆头，在中国历史上并不多见。历史的经验是：法纪越严，官越不好当；官越是不好当，国家越是前途无量，人民越是充满希望！

2014年1月28日发表于《中国纪检监察报》

清廉是官员的起码条件，否则一切免谈。贪能误国，懒也误国，无所作为的“清官”就是庸官，跟利欲熏心的贪官一样，都不是好官。作风上正派廉洁，工作上敢于担当，二者缺一不可。这就是雍正的用人观。

雍正治吏的非常举措

在干部问题上，雍正皇帝移棋设子往往不拘常规，有时甚至让人目瞪口呆。直到后来人们才明白，当时他考虑的是整个大棋局，可谓非常之人必有非常举措。

考核县太爷

对官员每三年考核一次，是清朝官场的例行公事，一般不会有什么新闻。1724 年又是一个考核年，上任不到两年的新君雍正，对一个县官的处理不同以往，让各级干部吃了一惊。

此人名叫常三乐，是直隶吴桥县令，负责考核他的是直隶巡抚李维钧。

通过认真听取下属意见，查阅文书档案，走访地方士绅，李维钧给常三乐写了两条评语，一是“操守廉洁”，是个清官；二是“懦弱不振”，工作打不开局面。据此，他建议平调常三乐去管教育，因为教书育人对操守要求高，工作量却不大，对他比较适宜。

吏部看了考核报告，向李维钧提出一个问题：你说老常工作不胜任，到底有什么具体表现，给吴桥县造成了什么严重损失？

尽管常三乐工作吃力，但是钱粮该收也收了，社会治安也说得过去，也没发生过什么群体性事件，还真挑不出大毛病来。

吏部说，既然没发现实质性问题，把人家调离重要岗位，理由不充分，也不符合惯例，提醒提醒算了。

李维钧坚持自己的看法。吏部自信地说，咱也别争了，还是请示领导吧。

雍正帝看了报告，朱笔一挥：撤职！理由很简单，县域是社稷基石，县令责任重大，常三乐没有责任心，本身就是失职渎职，还要等着出大事吗？

其实常三乐真该偷着乐。山东曹县盗贼猖獗，社会治安很成问题，老百姓直叫苦。县令王锡玠不抓不管不判，结果被皇上直接摘掉乌纱，还判了五年徒刑。正二品的云南开化总兵仇元正，为人老实本分，但作风拖拉，工作长期没起色，雍正帝勒令其马上退休回家。

这样，就有人开始怀念起康熙朝后期那些年，当时官员们真是太爽了，就像晚清的李鸿章所说，如果一个人连官都不会当，真是太笨了！

那时，皇上的脑血栓比较严重，对人对事“睁一只眼闭一只眼”，常说“多一事不如少一事”，官场的贪、懒蔚然成风，通不过考核的很少，被严肃处理的更少。实在看不下去了，往往罚俸了事，干部经济上吃点儿亏，政治前途一点儿不受影响。

眼看雍正帝的治吏新政如此严厉，各级官员在震惊之余，终于回过味来：看来，官是不好当了！不但要两手干净，这双手还必须干活呢。

但是，有的人思想一时转不过来。代理湖广提督岳超龙表决心说：“为报答皇上厚爱，我一定做到廉洁自律、两袖清风。”雍正帝不以为然，批示道：“要求太低了吧！当官本来就不该贪，这算什么高标准？如果只满足于‘清官’的好名声，却倒了油瓶不扶，不就是绣花枕头吗？”

清廉是官员的起码条件，否则一切免谈。贪能误国，懒也误国，无所作为的“清官”就是庸官，跟利欲熏心的贪官一样，都不是好官。作风上正派廉洁，工作上敢于担当，二者缺一不可。这就是雍正的用人观。

改变观念谈何容易。无官不贪是中国封建社会的常态，以致

清 宫廷画师 雍正帝读书像

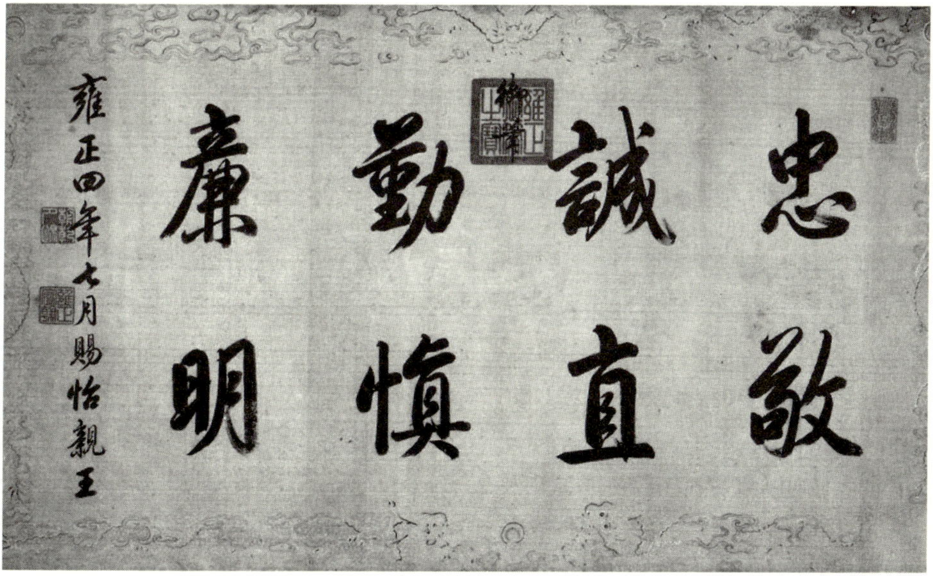

清 雍正皇帝书法 “忠敬诚直，勤慎廉明”

形成了一种非理性的官员评价标准：只要不贪腐就是“好官”，至于这“好官”为国为民有什么贡献，倒没人在意，可谓“一白遮百丑”。为了纠偏，雍正皇帝不能不创新工作方法。

提拔工勤员

1728年元宵夜，内阁普通工作人员小蓝正在值班，忽然进来一位高个子中年人，看起来一定是出来散步的内廷值班员。两人一见如故，边喝茶边侃大山。

高个子问，你是什么官？小蓝不好意思地说，不是官，小小工勤员，收收发发，抄抄写写，给领导沏沏茶。高个子问：其他人呢？小蓝回答，都回家看灯去了。高个子很好奇：你不喜欢看灯吗？小蓝说，当今皇上励精图治，听说晚上都不睡觉，万一有个急件，没人跑腿要误大事的！

高个子点点头，又问小蓝将来有什么打算。小蓝说，假如天上掉馅饼，能到渔船管理所工作就好了。我家孩子多，这样就是闹饥荒也饿不死。高个子哈哈一笑，告辞。

第二天一上班，雍正就问：哪个渔船管理所有空缺？下面说广东南海县有。雍正说，让内阁的小蓝去吧。大家正在惊讶中，雍正又让人告诉小蓝，要吃鱼自己下水捞，不能占渔民便宜。

只要是正派能干的官员，雍正都会予以重用，哪怕其他人有不同看法。

田文镜主政河南、山东的时候，配合雍正新政，狠狠打击贪官污吏，大力整顿官场作风，就连中央干部到地方收了谁的礼，他也敢向皇上报告，因此得罪了不少人。雍正把他树为模范总督，号召高级干部向他学习。

户部向各省要钱扩充小金库，早已是公开的秘密，只是没人敢点破。户部一个叫李卫的中层干部，曾多次向“一把手”提意见，人家就是不理。李卫就弄来一个柜子，写上“尚书专用钱柜”字样，放在衙门口羞辱领导。

当时雍正还是雍亲王，他记住了李卫的名字。当皇帝后，几乎年年提拔李卫，李卫也不含糊，在哪儿都大刀阔斧地工作，政绩斐然。

但是李卫为人粗粗拉拉，比如直呼领导“老张”、“老李”，工作方法也简单粗暴，许多人对他有看法，对他的举报就没断过。雍正做大家的思想工作：这个人浑身是刺不假，但没有私心，都是为了工作。你们要不服气，给我推荐个又能干又温柔的完人怎么样?

不管大家对雍正皇帝的团队有什么意见，但是，他们大多为人正派清白，勤奋能干有建树，这是公认的。

两个翅膀才能飞

雍正帝本身就是中国历史上最勤奋、最有作为的君王之一。

他每天睡眠不超过四小时，只有过生日那天才给自己放一天假。现存档案表明，他光在奏折上就批了 1 000 多万字，是全部《资治通鉴》字数的三倍还多。

雍正帝的父亲康熙帝创造了一个盛世神话，最后也留下了一堆麻烦事：吏治腐败、效率低下、国库空虚。早在当藩王时，雍正就深为忧虑。

雍正上任后，既不容忍“贪”，又不容忍“懒”，两手抓，两手硬。他首先诛杀贪官，保持高压，让官员们听到“钱”字就发抖。在对贪官执行死刑时，常组织官员到场观摩，他认为现场警示教育，比让官员学习《论语》管用得多。

与此同时，雍正奖掖勤与能，责罚庸与懒，逼迫官员改变作风，不换脑筋就换人。大家如梦初醒，意识到不是现在官不好当了，而是过去当官太容易了；谁再像以前那样混日子，就是跟自己过不去。

于是，各级官员很快适应了新形势，纷纷行动起来。官场风气迅速扭转，号称“雍正一朝，无官不清”。这实在是中国封建社会的奇迹，也为推进各个领域的改革提供了保障条件。创设军机处，集中权力推进改革；取消人头税，缓解社会矛盾；改土归流，维护国家统一等大动作，如果没有肃贪治懒的铺垫，是不可想象的。

数字最能说明问题。康熙末年，国库存银仅 3 200 多万两，到雍正七年（1729年），已增长到6 000多万两，几乎翻番。雍正帝的父亲康熙帝遗留的烂摊子，儿子乾隆帝可能会遇到的障碍，在他手中基本收拾停当。对此，日本的华裔学者杨启樵感叹道："康熙宽大，乾隆疏阔，要不是雍正的整饬，清朝恐早衰亡！"

康乾盛世是中华古代文明的巅峰，雍正承前启后，是康乾盛世成型的关键人物，所以"康乾盛世"又称"康雍乾盛世"。

然而，康熙登基早，乾隆寿命长，两人执政时间加起来长达124年之久，而夹在中间的雍正时代，只有短短的12年8个月。考虑到这个事实，人们对雍正的卓越成就和超凡智慧，对他的执政团队的"实心任事"和敢于担当，不能不肃然起敬！

时光川流不息。让官员告别"贪"、"懒"形象，插上"廉"、"能"双翅，扶摇天地，大有作为，这个雍正成功的秘密，在中华民族走向伟大复兴的新时代，仍然在闪着光。

2014年5月27日发表于《中国纪检监察报》

朱元璋大力整顿官吏作风，在改善文风、提高效率上动了不少脑筋。就在狠揍茹太素之后，他命令制定了行政文书规范，“颁示中外，使言者陈得失，无繁文”。他自己也身体力行，现存朱元璋的许多重要指示，干脆就是口语，乡下老太太都能听得懂记得住，这在历代皇帝中极少见。

朱元璋为何暴打茹太素

《明史》里有个很有意思的“段子”，今天读来还让人会心一笑。

1376年，司法部副部长茹太素给朱元璋打了一份报告，长达17 000字，朱元璋看得眼花，就让秘书王敏念给他听，都念到6 300多字了，还不知道要说啥。朱皇帝实在受不了，当场找人把茹部长狠揍了一顿。第二天又让王秘书接着念，从第16 500字到结尾，茹太素提了五条工作建议，这些建议具有一定的前瞻性和可操作性，朱皇帝采纳了其中四条。

事后朱元璋苦笑说：“当大臣不容易，当皇帝又容易吗？我需要的是接地气、解难题的意见建议，可明明500字就能说清楚，这老茹偏要整一大堆没用的，真耽误事。”

一直有人对朱元璋暴打茹太素有看法。对下属一不合意就动手，作风确实简单粗暴，但了解背景后，对事情的理解会更全面。

朱元璋定都南京时，新政权面临大量迫在眉睫的现实问题，内外形势都很严峻。战后社会经济凋敝，土地不均，农业基础设施阙如；饥民遍野，人口数量下降；各业不兴，社会无法正常运转；矛盾尖锐，官民冲突时有发生。退居塞北的残元势力企图卷土重来；蒙古鞑靼、瓦剌各部日渐强大，虎视眈眈。

特别是进城之后，明政权中许多官员贪图享受，不思进取，各派人马争权夺利，贪贿成风。中央政府权威低下，政令不出南京城。官风虚头巴脑，政权在文牍中空转。总之此时朱家王朝基础不牢，随时可能夭折。

朱元璋忧心如焚，从政治、经济、军事等许多方面作了一系列的重大整顿和改革。

就在狠打茹太素这年，朱元璋废除了元朝的行省制度，在全国设置了 13 个承宣布政使司，设“三司”分管行政、军事和司法，构建了明王朝的行政和统治架构。

他借鉴汉初经验，实行轻税薄赋、与民休息的政策，推行恢复和发展生产的各种措施，创新惠农利民政策以收拢人心。在打击贪腐方面，朱元璋比历史上任何一位皇帝都卖力，其手段之残酷可谓空前绝后，明初吏治因此稍微清明，政权的合法性迅速得到社会承认。

朱元璋大力整顿官吏作风，在改善文风、提高效率上动了不少脑筋。就在狠揍茹太素之后，他命令制定了行政文书规范，“颁示中外，使言者陈得失，无繁文”。他自己也身体力行，现存朱元璋的许多重要指示，干脆就是口语，乡下老太太都能听得懂记得住，这在历代皇帝中极少见。

制度加榜样，不着边际、不负责任的议事方式逐渐改变，使得有明一代公文比较简练有骨，行政效率较高。明后期有两个懒皇帝二三十年不上班，政权竟照常运转，不能说与此无关。

史家认为，朱元璋是我国历史上最杰出的封建君主之一。他一生勤于政事，建树颇多，特别是创设了大量的制度典章，不但打下了明朝200多年基业，还影响到清朝，所谓“清承明制”。自明到清，中央集权的政治统治和统一的多民族国家的行政管理制度渐趋完备。

“空谈误国，实干兴邦”，史鉴凿凿。试想，当初如果朱元璋放任官员队伍混日子、玩虚的，把时间年复一年耗在文字游戏中，不要说成就伟业，就是当个“维持会长”都很难：以当时的形势，朱氏很可能像后来的李自成一样昙花一现。所以，茹太素这样没有使命感、紧迫感的官员，遇到有抱负、真干事的朱皇帝，不挨揍才怪！

2012年12月28日发表于《中国纪检监察报》

历史机遇总是稍纵即逝，一步得生，一步得死，岂容贻误。僵化的思想、狭隘的私利，导演了崇祯皇帝君臣极不负责任的议事秀，空留千古憾事。可见，改进文风会风，清扫作风背后的垃圾，关系事业成败、国家兴衰，是极其严肃的政治课题，绝非枝节小事。

崇祯本可不上吊

崇祯之前的三个皇帝简直匪夷所思，绝对是皇帝中的奇葩：神宗30年不上班，好几茬高干到退休都没见过领导；光宗是个花痴，上台不到一个月，直接牺牲在床上；熹宗的木工和瓦工手艺绝对一流，本职工作统统交给魏忠贤代劳。

崇祯帝却一反常态，是个勤政廉政的模范，工作17年，病假都没请过；对家属和身边工作人员要求很严，为减轻财政负担，让老婆做饭织布。

这样一个不错的皇帝，却于甲申年（公元1644年）三月十八日深夜，在离紫禁城一箭之遥的煤山（今景山）悬树自尽，在遗

明末清初 项圣谟 大树风号图

书中要求李自成不得伤害广大群众。300 多年后的今天，人们在景山公园崇祯自缢处，看着冰冷的纪念碑，不禁替他抱屈：老天爷咋不让他多干几年呢？

一个王朝的灭亡自有其必然性，山都挡不住，但历史不是一条直线。老天爷曾经给过崇祯两次机会，哪怕抓住一次，他就可能不用上吊，不用当大明的末代皇帝，甚至有可能成为复兴王朝的英雄。但是，僵化的大脑、无休止的会议和一个又一个文件，还是把他和他的国家逼上了煤山。

第一次机会。甲申年正月，李自成大军挺进山西，两个月就可攻进北京，形势瞬息万变。大年初三，崇祯叫来太子办公室的李明睿开小会，研究应急方案。

李明睿的意见是南迁，他认为，只要向南进行战略转移，就能缓过气来。当年宋高宗赵构毅然南渡，在杭州建立了繁荣富庶的南宋，赵家天下又延续了 150 多年。咱大明的条件比那时候强多了，地方比它大，物产比它丰富，关键是祖宗当年迁都北京时，设南京为陪都，有一套完整的行政体系在。

李明睿敦促，只要您下决心南下，东山或可再起，大明中兴有望。沿途的河北、山东、江苏的情况目前还不错，安全不是问题。总之死守北京就是等死，尽快动身为好。

李明睿说得有根有据，崇祯听得入神，两人深谈了一昼夜。

不过，按明王朝的制度，皇帝的重大决策需要得到政府部门支持；而且崇祯还担心，如果自己出头提出放弃首都和祖陵，身后一定挨骂。最好由政府部长们在会上先提，自己假装不同意，部长一再劝迁，这样的决策过程最完美。

会上，崇祯帝流着泪试探说：“形势都这样了，我想亲自上前线，战死疆场，你们都别拉着我。”各部部长争着要为领导分忧，代皇帝出征，就是没人提南迁。

李自成大军越打越近。崇祯暗示李明睿写一份报告，把南迁议题公开化，试图倒逼政府。政府首席部长陈演反对南迁，故意把消息捅出去，弄得沸沸扬扬，谣言四起，人心大乱。他还嫌不够，指使一个小干部向上递材料，攻击南迁是别有用心，是“邪说”，要求严肃处理李明睿。

政府坚决反对南迁并非偶然：

一是意识形态上的。士大夫阶层长期被正统教育洗脑，坚信撤退可耻，在政治上是错误的；

二是为了保命和推卸责任。南迁成功还好，万一失败，出主意的、附议的，肯定没有好下场；

三是实际利益上的。美宅良田不可能带走，丢了北京还不知便宜谁。最要害的问题在于，南迁之后，南北两个政府一合并，肯定要裁员，官员们思量的是：俺的位子还有没有、好不好？

这样，大家都觉得等等看看最保险，不愿轻易下赌注。

李明睿非常气愤，又加以回击。支持和反对的都撕破了脸，一时间材料纷飞，会议不断，轰轰烈烈，就是没有结果。

崇祯皇帝急得不行，有一次开会前，他甚至把话说白了：“老陈，这事儿请您替我担待着点儿！”但是陈演在会上一直笑而不言，崇祯几次逼他发言，他都是笑笑而已，气得崇祯一脚踢翻了椅子。

这样一折腾，一个多月就过去了，形势更加凶险。在二月二十七日的会上，崇祯呼吁大家敞开说，说错了不要紧。他寻思，哪怕两派势均力敌，他也好拍板。但结果依旧。紧接着，李自成大军攻下了居庸关和昌平，北京危殆。

崇祯终于忍不住了，他果断跟李明睿等人摊牌：“不管他们了，这事我说了算，咱们立刻南迁！”李明睿叹口气：“来不及了，沿途我军都被打散了，北京城连只苍蝇都飞不出。”

第二次机会。不可思议的是，事情到了这步田地，大明王朝居然还有一口气。

李自成本是个在政府招待所出苦力的粗人，并不具备政治家的博大胸襟，所以对迅速的胜利毫无思想准备，也不太清楚进了北京意味着什么。三月十七日都打到今复兴门一带了，他居然在次日上午给崇祯写信，要求和谈，并且要价不高：割让西北一带给他，西北实行高度自治，不向中央报告工作；中央拨付 100 万银两慰问金给他，他替政府打击敌对势力，包括虎视眈眈的东北满人集团。

傻子都知道这桩买卖不赖，况且别无选择，但大家都不表态。如果说南迁问题还可以拿出来说说，那么割地赔款这顶政治帽子太大了，没人敢碰。

但是不发言也不对，于是部长们一个接一个慷慨陈词，愤怒谴责敌人的狼子野心，决心血战到底，与北京共存亡。李自成凭空送来的大礼，根本不在明王朝最后一次最高国务会议的议题之内。

崇祯本想乘着夜色混出城去逃命，但是从安定门、朝阳门到前门，没有一个门为他打开。眼看天要亮了，只好孤独地走向了煤山……

他死后仅三个小时，李自成拍马直捣金銮殿。那些政治坚定、慷慨激昂的部长们血战到底了吗？第二天他们就去李自成办公室外，排队请求安排工作。

景山公园那块石碑上刻的是“明思宗殉国处”，“思宗”是崇祯的庙号。的确，崇祯和明朝的悲剧留给后世沉重的思考。

崇祯皇帝死后不久，大清摄政王多尔衮给南明的史可法写信，说得非常到位，也好像在替敌人难过：

你们明朝的干部根本不考虑国家利益，就喜欢唱高调、讲大话，哪怕火烧眉毛了，还慢条斯理地穷白话，作个决定比盖栋楼还慢。当年北宋研究对策还没散会，金军就渡过黄河了，你们咋就不长记性呢？！

历史机遇总是稍纵即逝，一步得生，一步得死，岂容贻误。

僵化的思想、狭隘的私利，导演了崇祯皇帝君臣极不负责任的议事秀，空留千古憾事。可见，改进文风会风，清扫作风背后的垃圾，关系事业成败、国家兴衰，是极其严肃的政治课题，绝非枝节小事。

2013年1月18日发表于《中国纪检监察报》

因为舍弃，她得到了内心的安宁，因为奉献，她受到了人们的尊敬，她的人生因此洒满了阳光，这是只知索取的人无缘享有的。

谁是最快乐的人

周恩来侄女周秉德的失与得

20 世纪 90 年代的一天，我随领导到直属单位中国新闻社调研，周秉德副社长认认真真地给我们介绍情况，还热情地端茶倒水。告别的时候，领导指着我对周秉德说："这是你的老乡，淮阴人。"周秉德一听特别高兴，拉着我的手连声说："小老乡、小老乡！"

当时，我到中央机关工作时间不长，觉得对工作对象应保持一定距离，就没十分寒暄。回到机关后，领导说："周总理的家风就是不一样，周秉德是总理的侄女，跟总理和邓大姐在中南海长大的，你能看得出来吗？"我一听，惊讶得说不出话来。

周秉德女士与伯伯周恩来，照片拍摄于 1951 年，时年 14 岁。

以后，只要一看到我，周秉德总是笑盈盈地叫我“小老乡”，让我心里暖暖的。

年底，在审核各单位领导班子成员填写的表格时，我发现周秉德学历一栏填的是“中专”,心想学历是提拔干部的硬杠杠，填错了可要吃亏的，于是我就打电话让她纠错。周秉德哈哈一笑说：“谢谢小老乡，不过确实没填错，我就是中专生。”我惊讶地问：“以您的条件，怎么会不读大学呢？”

周秉德解释说，中学快毕业的时候，周总理问她怎么打算，是上大学还是上中专？她说当然是上大学，再说她的学习成绩在班上也是拔尖的。周总理问，那毕业以后做什么呢？她说，参加社会主义建设呀。周总理说，既然如此，还是上中专比较好，上大学要读四五年，有的专业时间更长，中专只需两三年就毕业了，可以提前好几年参加社会主义建设呢！周秉德觉得很有道理，就高高兴兴地考了中专。

我还是有点儿转不过弯，直直地追问，现在学历这样值钱，大家都在整学历，你不后悔呀？周秉德说，好多人也建议她赶紧拿个文凭啥的，可是现在事情这么多，还是抓紧时间干活吧，读书不就是为了工作吗？周秉德一席话，使我觉得和这位老乡的距离更近了。

第二年，单位开始分房子了。那时候，中央机关房源十分紧张，往往数年才能分一回。一时间，机关里的气氛既热烈又紧张，大家都热盼能搭上这班车。分房结束后，我准备叫上几个老乡，去庆贺周秉德的乔迁之喜，可她莞尔一笑，说她没要房。我十分震惊地追问：您一个副司级干部，住房不达标，按照标准完全有资格拿一套大房子，又不违纪，为什么不要？她说，不少同志结婚多年还合住筒子楼，怪不容易的，她房子虽说不大，好歹有地方住，怎么忍心跟他们抢。我说，那你儿子结婚怎么办呢？她乐了，说要是这样考虑的话，那多少房子也不够分，还有孙子、重孙呢。周秉德一席话，加深了我对她的敬意，心想，领导说得对呀，周总理的家风就是不一样！

一天，来京出差的淮阴市委书记找到我，要我帮个忙。原来，周秉德从来没有回过淮安，家乡人民怀念周总理，自然希望总理的后人多回去看看，但是做了多次工作，她都谢绝了。我找到周秉德，问她是怎么想的。她说，她就是怕耽误家乡领导的时间，淮阴是革命老区，在外工作的老同志和老同志的后人不少，他们没事都回去溜达溜达，恐怕人家就没法工作了，家乡还怎么发展呢！

转眼间，仍然是副社长的周秉德快到退休年龄了。那个时候，退休制度还不是十分严格，到年龄后多留任几年甚至争取“提级后再退”的情况并不少见，我就对她说，您经验丰富，多干两年对事业有利，别急着办手续。周秉德笑着说，她保证今天到点，明天就不来了。不给新人添乱就是帮忙，对党的事业更有利，你说对不对?

周秉德说到做到，退休后一直安静地生活在20世纪70年代修建的“蜗居”里。起初，每当有熟人跟她说，退休后情绪难免低落，最好常回单位走走，她总是乐呵呵地掏出钱包给人家看照片：“这是我的双胞胎孙子，我高兴还来不及呢！”

周秉德总是这样快乐，这快乐源于本真，发乎自然。因为舍弃，她得到了内心的安宁，因为奉献，她受到了人们的尊敬，她的人生因此洒满了阳光，这是只知索取的人无缘享有的。周秉德平凡中的高尚正是周恩来总理至真人性、至纯党性的延续，折射了周恩来精神的深刻文化底蕴：无私的人最快乐，施予的人最幸福！作为中华民族精神遗产的一部分，周恩来的崇高精神品格不但哺育了他的子弟，还像不竭的清泉，永远洗涤和滋润着所有中国人、所有中国共产党人的灵魂。

2013年2月25日发表于《中国纪检监察报》

纪律面前人人平等，纪律面前不存在所谓“大人物”和“特权”。这是因为，同样是破坏纪律，领导干部所造成的后果，一般比普通党员更严重；级别越高，危害越大。

高级干部的低级错误

一

中共台湾工委书记蔡孝乾，对西餐情有独钟，由此铸成大错。

1950 年 1 月 29 日，在蔡孝乾家蹲守了三个月的台湾国民党特务，正要撤走，没想到有人自己送上门来。

特务问："姓名？"

"张三。"

"来这干什么？"

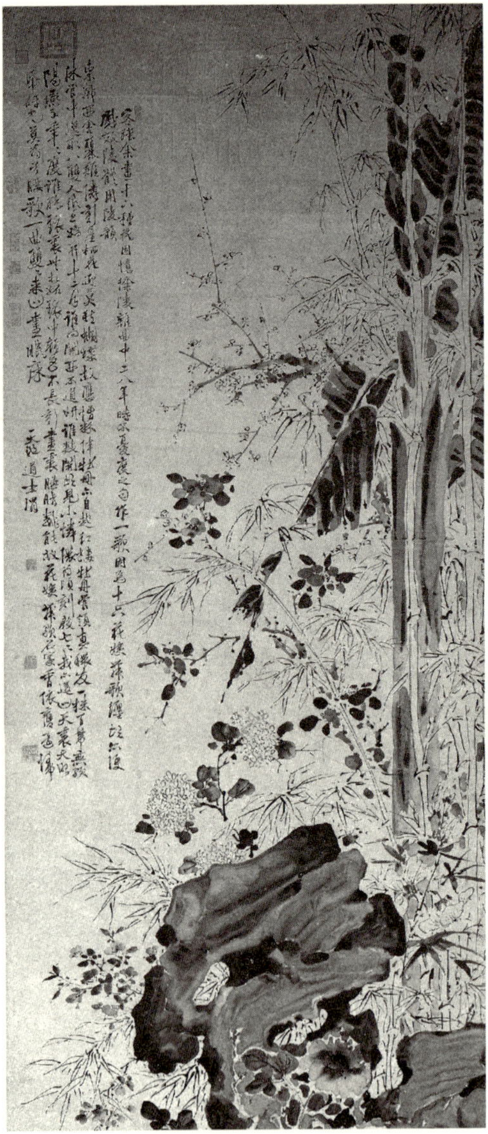

明 徐渭 花竹图（局部）

张三叹口气：

“想来老朋友家蹭饭吃。你们有好吃的吗？”

不管张三是不是蔡孝乾，先稳在这里做诱饵再说。于是特务天天给张三买饺子吃，吃得他心满意足。

过了几天，张三的胃口提高了：

“哥们儿，我想吃牛排都快想疯了！”

特务们很慷慨：“你看去哪家？”

张三脱口而出：“去波丽露吧！”

波丽露是台北市最有名的西餐厅，看来张三是一条大鱼。

张三果然是美食家，牛排只要半熟，刀叉运用自如，酒水点心、主菜配菜，一样没少点。末了，打着饱嗝发感慨：

“这才是人过的日子啊，过瘾、过瘾！”

享受了大餐当天，张三神不知鬼不觉溜走了。气得特务头子谷正文拍着桌子大叫，不把这家伙抓回来，你们都去死！

经过与照片比对，发现“张三”正是蔡孝乾！

进一步搜查蔡家，又有意外收获：蔡孝乾太不专业了，竟在一个小本子上写了一堆人名，比如吴次长！

国民党党政军机构中，姓吴的副部长只有一个人：“国防部”参谋次长吴石中将。

吴石是我党潜伏在国民党内部官阶最高、地位最险要的干部，被捕之后坚贞不屈，英勇就义。他的牺牲所造成的损失不可弥补。

但是蔡孝乾人在哪里?

这天,嘉义县报告:有人冒充共产党台湾地区负责人,多次向当地有钱人拉赞助,承诺台湾将来解放后安排出资人当官。拿了钱之后,他就去吃喝嫖赌。谷正文立即派人赶往嘉义。

刚到目的地,特务就发现路上有个人很显眼,因为他穿着西装!

到了跟前,特务们乐了:"蔡书记,您这是去哪里呀?"

蔡孝乾十分沮丧:"去镇上,想吃西餐想疯了。"

特务们消遣他:"你做地下工作的,在乡下还穿着西装?"

蔡孝乾说:"吃西餐当然要穿西服。"

特务们与他做交易:"要么现在就死,要么天天吃西餐,你决定吧!"

蔡孝乾犹豫了一下,咽了一口唾沫:"能不能吃了饭再商量?"

嘉义的西餐水准比不上台北,蔡孝乾照样吃得津津有味。酒足饭饱之后,蔡孝乾当场决定归顺国民党。

"不过我有一个要求!"

蔡孝乾既爱美食,也爱美女。妻子病故后,他连哄带骗,霸占了只有14岁的小姨子。蔡孝乾希望,把小姑娘接过来一起住,最好给点儿钱把喜事办了。特务们一听,都惊呆了。

蔡孝乾有着耀眼的经历。由于工作出色,很受毛泽东、周恩来、叶剑英的器重,是唯一走完长征路的台湾省籍干部,担任过八路军总政敌工部长。在延安，他因为生活作风问题被处分过。抗战胜利后，中央考虑到他熟悉台湾，对他委以重任，寄予厚望。

1946年7月，蔡孝乾到了台北，建立了组织，各项工作风生水起。不久，蔡孝乾被花花世界吸引，作风漂浮起来。他热衷于跟地主、资本家打交道，喜欢炫耀自己的真实身份，侵吞了一万多美元公款，天天带着小姨子吃喝玩乐。中央的嘱托，党的纪律和地下工作的基本规矩，统统被扔到脑后。

蔡孝乾叛变后，疯狂地把枪口指向了他的战友们，台湾党组织遭到毁灭性破坏。谷正文也承认，蔡孝乾如果像周恩来那样坚定缜密，历史可能会被改写。

蔡孝乾并非唯一。早在20年前，一个更大的人物也干过这种事。

二

顾顺章，中共中央政治局候补委员，周恩来领导的中央特科班子成员。他的爱好是玩魔术，水准相当高。

1931年美丽的春天，武汉市民被一个魔术师彻底镇住了。

当时，在汉口新市场游艺厅舞台上，突然冒出了一颗明星。此人总是扮成西洋小丑，憨态可掬。他的表演出神入化，观众看得目瞪口呆。一时间，口口相传，一票难求。

国民党特务机关注意到了这个情况。特务头子徐恩曾派了一个中共叛徒跟踪魔术师。

1931 年 4 月 24 日傍晚，叛徒认出卸了妆的魔术师，正是自己在中央特科的老领导顾顺章。叛徒冷不丁叫一声："老顾！"顾顺章一回头，束手就擒。

徐恩曾客客气气地跟顾顺章交心。仅仅两个小时之后，顾顺章就宣布投降。

顾顺章出身底层，脑子灵光，陋习不少。参加革命后，组织上派他与陈赓一道，去苏联学习政治保卫和特工业务。顾顺章如鱼得水，很快学了一身绝活，易容化妆、魔术表演、机械修理，无不精通，甚至能让手枪消音，为党屡建奇功。连国民党特务机关都认为，顾顺章是大师级的特工，他叛变后，徐恩曾首先让他给手下讲专业课。

随着业绩和地位的上升，顾顺章贪图享受的毛病凸显了。这之前的一个月，顾顺章护送张国焘和陈昌浩去鄂豫皖苏区工作。完成任务后回到武汉，他竟悄悄包了个二奶。

这种事最费钱，但也难不倒顾顺章。他讨厌隐蔽战线纪律严、不自由，渴望走到聚光灯下，露露脸、弄点儿钱。台下的掌声、粉丝的倾慕，特别是来钱那么容易，让他获得了巨大的成就感和满足感，春风得意，欲罢不能。

由于顾顺章掌握了几乎所有的核心机密，他的叛变给我党造成了极为惨重的损失：党的重要领导人恽代英、蔡和森，以及隐蔽战线的许多骨干，接连惨遭毒手，连党的总书记向忠发也未能逃脱。如果不是潜伏在徐恩曾身边的钱壮飞反应神速，如果不是周恩来处置得当，中共中央第一时间从上海转移到中央苏区，后果不能想象！

中华苏维埃共和国临时中央政府主席毛泽东，向全国通缉这个“中共最危险的叛徒”。在中国革命史上，这样规格的通缉令仅此一回。

三

作为受党教育多年、肩负重大使命的高级干部，蔡孝乾和顾顺章为什么会犯下如此低级的错误，毫无顾忌地践踏党的纪律？个人嗜好的乐趣果真如此之大，足以与党的事业和个人的千秋声誉交换吗？

据谷正文回忆，他第一眼就看出蔡孝乾没什么信仰，“只要能充分满足他的物质欲求，慢慢地，就可以主宰他，到那个时候，他什么话都会说。”他认为，台共之所以失败，“领导人蔡孝乾的浮奢个性是一个严重的致命伤。”被捕的几个工委领导，当时在狱中天天开蔡的批斗会，也说他“完全是一副资产阶级的嘴脸”。

当顾顺章的行为越发散漫不羁的时候，他的老同学、中央特科的同事陈赓，忧心忡忡地跟人说："老顾迟早会叛变投敌，你信不信？"中央特科的另一个干部、瞿秋白夫人杨之华也有预感，因为她发现顾委员"吸鸦片、打老婆、逛妓院"。

徐恩曾晚年出版了一本书，详细描述了顾顺章事件。

经过刻意安排的闲聊，徐恩曾判定，顾顺章思想空洞无物，对马克思主义理论了解不多，更谈不上对共产主义的坚定信仰，干革命工作就是为了混饭吃。让一个没有灵魂的人反水，不用费力气。

果然，随着谈话的深入，顾顺章脸上的敌意越来越淡。最后，顾顺章说："你让我考虑一下。"于是，这个曾让国民党闻风丧胆的红色特工，投入了敌人的怀抱。

看起来，蔡孝乾和顾顺章有着共同的行为链条：因为强烈的私欲，漠视党的纪律，背叛了最初的选择。实际上，正是苍白空洞的灵魂，使这根链条得以形成。

私欲本是人性之常，如果胸怀理想信念，必然心存敬畏，贫贱、富贵、威武不能夺其志。一旦根基摇摆不定，纪律必然形同虚设，恰如习近平同志所指出的那样，"总开关"问题解决不好，这样那样的出轨越界、跑冒滴漏就在所难免。

一个党员对纪律的态度，是检验其忠诚度的硬指标，是确认其信仰牢固与否的度量衡。共产党存在的目的是全心全意为人民服务，这使它与资产阶级市侩政党根本不同。在真正的共产党员面前，纪律最重，人民最高，党的利益最大。每一个共产党员，都应做到“政治信仰不变、政治立场不移、政治方向不偏”，自觉战胜人性的弱点，从根本上解决遵守纪律的问题。

同时，党对领导干部比对普通党员的要求更高，一贯强调纪律面前人人平等，纪律面前不存在所谓“大人物”和“特权”。这是因为，同样是破坏纪律，领导干部所造成的后果，一般比普通党员更严重；级别越高，危害越大。

蔡孝乾、顾顺章的覆辙鲜血淋漓，教训历久弥新：主动培根固本、祛病升阳，是领导干部的基本政治责任、终身政治义务，被动接受监督是远远不够的——司机一心要把汽车开下悬崖，谁能挡得住？

2013年3月11日发表于《中国纪检监察报》

事情就怕开头，当家的一旦自坏规矩，跑腿的正好有了机会，乐得跟着揩油，上梁不正，底梁倒得特别快。

权力天生具有蹂躏制度的欲望，责任感很容易被趋利的人性侵蚀，如何把权力关进制度的铁笼，如何有效约束人性，如何保证制度的权威性和长期性，也许是历代有志君主最头疼的事。

慈禧收礼

清朝立国之初定下了一条死规矩：皇家不得收受臣属财物。明王朝的前车之鉴历历在目，所以在清朝前期，皇室上下无人敢逾矩，风气焕然一新。时过境迁，清朝中期之后，这项制度的约束力开始打折扣，但只是遮遮掩掩地做，一旦败露还是要掉脑袋。晚清纲纪废弛，或明或暗向宫里送东西的多了起来。国家正走下坡路，皇帝急需任用干部，所以往往睁只眼闭只眼，但遇到参劾举报，多少也得处理一下。把清初的制度一脚踢开，不但公开收礼、甚至还鼓励送礼的，正是老佛爷慈禧。

1900 年 8 月 15 日凌晨，为躲避打进北京的八国联军，慈禧

1902 年初，光绪皇帝、慈禧太后回京时瓮城内的情景。

太后和光绪皇帝仓皇出逃。长途跋涉 70 多天，经历十分悲惨，经常饿肚子，晚上找不到躺的地方，就枯坐着等天亮，还时时担心追兵到。好不容易到了西安，一些地方的达官显贵带着各色礼品陆续前来慰问，从食品到珠宝无所不有。

也许是出于对一路艰辛的补偿心理，慈禧见到大家带着东西来，竟十分开心，高高兴兴地照单全收。这还不算，对于送礼送得到位、送得新奇、送得可心的，立马发文提拔。西安有个女富豪送了两扇楠木门板来，慈禧十分喜欢，苦于没有女干部编制，干脆认了干女儿。

这下大家看明白了，谁埋头拉车谁是傻瓜，赶紧筹款办货吧。于是，就在八国联军肆虐国都、涂炭人民之时，往西安送礼蔚然成风，慈禧住处天天人来车往、热热闹闹，俨然一个交易市场。

第二年（1901 年），《辛丑条约》签订，局势稍缓，慈禧终于在 1902 年初，携大量金银财宝、古玩字画，心满意足地回到了北京，街上行人以为是御驾亲征大获全胜，带着战利品回朝了。风气既开，此后各地争相进京孝敬太后，竟然成了常态。

忽然有一天，慈禧召集荣庆和瞿鸿禨两个重要的干部开会。她说，她和皇帝西巡期间，生死难卜，很多省领导带着吃的喝的慰问他们。她深知有祖制在，但是当时情况特殊，连吃饭都成问题，再加上人家那么辛苦跑过来，也不忍心推辞。现在形势仍然

清 慈禧 禄禄荣华

严峻，他们唯有励精图治，才有中兴的希望。经过慎重考虑，她决定不能再开这个口子了，以后各省进京不要再带东西了，有违反的，要批评，要制止。今天找你们两个来，就是想听听意见，你们看这样子好不好？

荣庆一听特别高兴，马上跪下磕头说，这个决定太好了……

还没等他说完，瞿鸿禨拽了他一把，接上了话茬："这个决定太好了，对各级领导干部是个教育和关怀，大家一定会更加努力工作，上下同心，再创辉煌。"接着话锋一转，十分诚恳地说道：

"其实，各地带来的都是些土特产，根本不值几个钱，这点儿小事您还挂念着！按照古代制度，疆臣进京是必须带重礼的。现在下面时不时过来：一是因为突发事件多，不请示报告就要误大事；二是对您感情深厚；三呢，这也是中央权威的体现。至于土特产倒在其次，东西不多，是人家一片心意，老百姓走亲戚还带只老母鸡呢。现在咱国家大事急事难事特多，我看那点儿小事不如先放放，等局势稳定了再定也不晚。"

听了瞿鸿禨的高见，慈禧浅浅一笑，没吭声。于是散会。

刚出门，荣庆就埋怨瞿鸿禨："太后的提议多好啊，你应该大力支持才对，怎么能唱反调呢？"

瞿鸿禨笑眯眯地拍了拍荣庆的肩膀，语重心长地开导他："老弟呀，你还年轻呀，你刚到中央工作时间不长，还得慢慢学。在领导面前，咱一句话说错，前途可就没了。老话说‘在什么山上唱什么歌’，你记住这个，准保福禄无边。”

荣庆果然官运亨通，先后当过刑部、户部、礼部一把手，还进过军机处，可见瞿鸿禨的现场教学效果相当不错。可惜好景不长，不久慈禧病亡，又过了三年，辛亥革命爆发。

领导带了个坏头，下属推了顺风车，政权堕入万劫不复的深渊，这段史实勾勒出晚期封建官场的一般规律。腐败导致亡国的道理，有切肤之痛的是开国之君，他们认真总结前朝教训，通过建章立制和严刑峻法，试图让江山永固，用心可谓良苦。

事情就怕开头，当家的一旦自坏规矩，跑腿的正好有了机会，乐得跟着揩油，上梁不正，底梁倒得特别快。瞿鸿禨这些官油子，当然知道上梁歪到了什么程度，何不有样学样，上下同腐、各得其所，直至上下同归于尽，至于当年鲜血换来的江山，谁也不心疼！更意味深长的是，在晚清官场，瞿鸿禨和荣庆的操守和能力还算不错的。

可见，权力天生具有蹂躏制度的欲望，责任感很容易被趋利的人性侵蚀，如何把权力关进制度的铁笼，如何有效约束人性，如何保证制度的权威性和长期性，也许是历代有志君主最头疼的事。

我们党在反对腐败、建设廉洁政治的战略部署中，不但要求各级领导干部率先垂范，做执行制度和反对特权的表率，还把领导干部作为廉洁从政教育、制度设置、权力制约监督和案件查处工作的重点，其历史意涵丰富，现实意义深远。

2013年4月1日发表于《中国纪检监察报》

科举制度淘汰了陈规陋习，拓宽了发现人才的渠道，在一定程度上保证了人才质量，对维护封建政治统治十分有利。

钱穆先生看得最清楚：科举取士使得“此 1 000 年来，中国社会上再无固定之特殊阶级出现”。

赵匡胤与官二代

一

公元968年的一天，宋太祖赵匡胤正高兴地审阅新科进士名单，突然皱起了眉头，于是有了他和宰相赵普的一段对话。

赵匡胤：“名单上名列第六的陶邴，是翰林学士（相当于办公厅主任）陶谷的儿子吧？”

赵普：“是的。这孩子学习很刻苦，是个大才子。”

赵匡胤：“这次考试主考官是谁？”

赵普：“是……陶谷。”

明 刘俊 雪夜访普图

赵匡胤："儿子参加考试，老子为什么不回避？"

赵普："老陶自己提出回避了，但是实在没有合适的人替他。这父子俩都是规矩人，小陶又有实力，所以我们就没深究。"

赵匡胤（拍了一下桌子）："不长脑子！你们要动摇国本吗？"

没等赵普想明白领导为什么发火，赵匡胤就下令立即拟旨。这是一道载入史册的圣旨：今后，对上了预备录取名单的官二代，由礼部牵头，额外增加一道复试，不通过不录取。

在科举取士过程中，对官宦子弟严格设限，贯穿了整个宋代，有时甚至显得不近人情。

1038 年的殿试，六个高干子弟榜上有名。宋仁宗认为这很丢人，连夜通知这几家家长：赶紧做孩子们的工作，给穷人让让道！朝廷每回圈定殿试名次时，都尽量把干部子弟往后排，以至于形成了礼让平民子弟的良好风尚。宰相范质的侄子范杲就说，我们家庭条件好，不该与平民争利。于是主动放弃了殿试，经商办企业去也。

宋代有这样一句俗语："惟有糊名公道在，孤寒宜向此中求"，表明社会普遍承认科举的公正性。据宋史专家朱瑞熙先生考证，在 1256 年录取的 601 名进士中，平民子弟达 417 人，占压倒性的大多数。

宋代的这种做法对后世统治者启发很大。

康熙三十九年（1700 年）会试结束后，康熙皇帝忧心忡忡地对内阁说："我认真研究了录取名单，发现干部子弟居多，老百姓会不会有意见？”于是完善了相关制度，例如为抑制“缙绅之家多占中额，有妨寒峻进身之路”，分设“官生卷”、“民生卷”，官二代只能考“官生卷”，试题比“民生卷”深得多，实际上增加了平民子弟的上榜机会。

晚清吏治腐败至极，买官卖官、突击提拔、优汰劣胜之类屡见不鲜，只有科举这个入口处还算干净，制度相对严密，统治者也较真，虽然也出现过一些科场弊案，但制度设计本身和上面的决心很少受质疑，“萝卜”招聘等情况更是难得一见。

费孝通先生专门作过统计，发现清朝科举录取的平民子弟，向上五代均无功名的，占 13.33%；父辈无功名的，占 33.44%，两项相加达 46.77%，与官二代的录取率大致持平。这样的社会流动速率，同 20 世纪的美国相当！

二

人治是封建专制政治的基本特征，总体上没什么规矩可言，奇怪的是，统治者单单在科举取士这个问题上，小心维护制度，刻意显示公平，这是为什么？

第一，没有公平公正，科举就失去了进步意义。中国历史上长期存在的门阀制、察举制和九品中正制等选官制度，本质上都是世袭制，所谓“上品无寒门，下品无世族”，干部队伍近亲繁殖，一代不如一代。科举制度淘汰了陈规陋习，拓宽了发现人才的渠道，在一定程度上保证了人才质量，对维护封建政治统治十分有利。正是从这个角度出发，李约瑟先生称科举制度是中国的“第五大发明”；科举取士甚至也成了西方公务员制度的模板。

但是科举又是一项十分残酷的制度。由于任何人都有考试资格，考生基数巨大，而进士录取率仅在10%左右，竞争之激烈，远非今天的国民教育考试可比，因此谁都梦想能走个捷径。但老百姓无权无势，除了干瞪眼别无他法。一旦科举取士没了规矩，乱开口子，只要有权有势，就能肆意妄为，干部队伍必然泥沙俱下，统一的多民族大国如何治理？看来赵普的大局观确有欠缺。

第二，科举是一项导向双赢的高明的制度设计。考试不论出身，标准唯一，打开了社会底层的上升通道，杜绝了阶层和阶级固化的可能，使社会达致动态稳定。钱穆先生看得最清楚：科举取士使得“此1 000年来，中国社会上再无固定之特殊阶级出现”。人是理性动物，既然个人奋斗就能改变命运，还有必要揭竿而起吗？既然皇上不偏心，我为什么不紧密团结在他老人家周围呢？

清兵入关之初，江南文化人十分抵触，等到科举一开，读书人一窝蜂涌向考场，局势便迅速稳定。清代科举吸引力有多大？每次考试都有爷爷、太爷爷级的考生。康熙三十八年，广东顺德有个叫黄章的百岁老寿星，也跋山涉水进京赶考。老人家如此，何况年轻人！

自隋文帝开科举，到光绪帝废科举的 1 300 年间，进士总计 10 万人，举人、秀才以百万计。可以想见，科举制度消化吸收了多少李自成、洪秀全！

所以，当看到新科举子悉数跪在脚下，唐太宗得意地笑了："天下英雄都进了我的圈套啦！"赵宋王朝享国 319 年，时间之长，在封建中国历史上仅次于两汉，并且，始终没遇到像样的农民起义，最后亡国也不是因为内乱，这与其严格的科举政策直接相关。破坏这个官民两利的社会政治制度，龙椅能坐这么久吗？赵匡胤对赵普发火，原因在此。

第三，在科举取士中体现政治清明，契合中国人的社会文化心理。中国人对"公平"问题历来敏感，所谓"不患寡而患不均"；在封建宗法制社会，个人的成功同时也是家庭和整个宗族的荣耀。只要子女有出头之日，人们可以忍受任何苦难，宁愿付出任何代价。而科举制度的本质正是机会均等，所以统治者总是手指贡院反复提醒：面包会有的，只要你努力！

而对草根平民来说，唯有科举还算靠得住、信得过，有分数线就有希望，考不取也不怨政府。"朝为田舍郎，暮登天子堂，将相本无种，男儿当自强"，如此豪迈的励志谣，正是这种制度成功的体现，也是这种制度之下社会文化心理的写照。

假设，科举取士不讲规矩、没有公平，大蛋糕完全由官二代、富二代独吞，穷人的孩子不管多努力、多出色，永远是“屌丝”、“屁民”，如蚂蚁一般自生自灭，那么，千千万万劳苦大众内心的屈辱和绝望，将会汇聚成多么巨大的破坏力，足以让任何一个政权烽烟四起，一日不得安宁！1905 年 9 月，光绪宣布废掉科举，严复惊呼大事不好，因为除了科举，大清实在没有什么值得老百姓留恋的。

中央领导同志最近提出，要积极借鉴我国历史上反腐倡廉的宝贵遗产，运用历史智慧推进反腐倡廉建设。在科举取士中，赵匡胤们对官二代实行严格限制政策，隐含着深邃的战略意图和政治智慧，值得我们在建设“干部清正、政府清廉、政治清明”的伟大工程中，用心思考、体味、借鉴；在面对升学、就业、公务员考试和干部选拔使用中的不公问题时，要看得远点儿、想得深点儿、出手狠点儿！

2013年6月27日发表于《中国纪检监察报》

好的制度恰恰是这样一种精巧的工具，它并不试图改变人性，而是承认人性的现实，顺应人性的规律，通过基于人性特点的科学设计，诱导人们主动克服兽性、弘扬人性，主动选择做好事、当好人，并且，即便是天生的恶棍，也会这样选择，否则就不符合他的利益，无论是现实的，还是长远的。

皇帝的伙食费

孙中山先生曾慨叹，中国人的通病是都想当皇帝。也是，封建社会奉行官本位，“是官强于民”，当官的最高境界自然是当皇帝。其实，皇帝这份工作并不如我们想象的那样有滋味，风险高、工作量大且不说，光是后勤部门报花账这事，就很难对付。比如，自己的伙食开销到底是多少，没几个皇帝搞得清。

根据留下来的食堂账本，明朝万历皇帝的伙食开支是每月480两白银，折合人民币15万元左右，饭量惊人。到了清代，皇帝的伙食标准飙升得无法想象，小皇帝溥仪每年要消费肉类一万斤、家禽3 000只，伙食费达20万两白银。万历皇帝作风懒散，

明代陈洪绶的《玉堂柱石图》，画中的玉兰、磷石、蝴蝶逼真而细致。古代玉兰多象征富贵，在清代尤为慈禧所喜。

创造过30年不上班的纪录，对财务问题可能不上心；溥仪正是上幼儿园的年龄，骗小孩子不需要技巧，所以这两个例子可能有点儿极端。那么，正常的情况如何呢？

第一种情况是始终蒙在鼓里。

清朝早朝时间从凌晨5点开始，大臣们为了不迟到，每天起得比鸡还早。有一天，一代英主乾隆帝亲切地问候一个大臣：“你天天上班这么早，在家吃早点了吗？”大臣说吃了，乾隆又好奇地问：“早点吃什么呀？”大臣答：“俺家不富裕，随便吃几个鸡蛋。”乾隆惊讶得倒吸一口气：“天哪，10两银子一枚鸡蛋，我都不敢多吃，你还哭穷！”大臣立即明白是有人搞鬼，但也不好乱说，只好顺着敷衍道：“外面卖的鸡蛋都是残次品，特便宜，质量好的鸡蛋我们哪里吃得起。”乾隆这才释怀，反过来安慰大臣：“别急别急，咱以后涨工资。”

到光绪帝时期，鸡蛋进价已变成30两银子一枚，其实市场上才卖三四个铜板。光绪偏偏好这一口，因此每年要“吃”掉上万两白银的鸡蛋，弄得自己都有点儿负罪感。有一天跟翁同龢闲聊，光绪问：“鸡蛋好吃是好吃，就是太贵了,翁老师你能吃得起吗？”翁同龢也不敢直言：“过年的时候买个把鸡蛋，给孩子们解解馋，平时不敢想。”可怜的光绪皇帝，终生都以为吃鸡蛋属于高档消费。

第二种情况是心知肚明却无可奈何。

道光皇帝特别节俭，每年全部的生活支出，还不及后来他的儿媳妇慈禧的一半，弄得后勤部门清汤寡水，大家都很郁闷，就不断创新贪污思路。时间一长，道光隐约感觉不对，就想搞搞调研。

有一天开早会，道光帝突然问大军机曹振镛："你家平常做饭，都是谁买菜？"曹振镛知道皇上最欣赏艰苦奋斗的干部，痛快地回答："保姆买菜我不放心，下了班俺自己上菜市场。"这是实情，曹振镛不但亲自买菜，还时常因为一个土豆半截葱跟菜农吵架，一点儿领导干部的样子也没有。

道光帝切入主题："那鸡蛋多少钱一个呢？"曹振镛是个情商超常的老江湖，他一盘算，管后勤的可都是皇帝身边人，岂能瞎掺和，便顺口编了个故事，把领导往沟里领："我小时候得过一场大病，差点儿死了，医生嘱咐千万不能吃鸡蛋，一吃就没命，所以我家从来不敢买鸡蛋，真没口福啊！"

道光皇帝还曾经想过叫外卖，这在今天是很平常的事，他硬是没办成。

道光帝上任前，曾在前门一家小吃店吃过一碗汤面。这家的汤面做得实在是好，以至于道光帝念念不忘。登基后，皇上有一天发现吃饭开支过大，就明确指示伙食不要太讲究，多搞点儿家常的，比如汤面之类的。

第二天，后勤事务管理部门内务府递上一份报告，建议设立汤面管理处，选派得力干部挂帅；修建汤面厨房一所，增加事业编制若干；请求拨付筹办费六万两，此后每年需要15 000两保证运行。皇上一看差点儿晕过去："这也太夸张了吧，前门外就有一家汤面馆，不能让太监去买吗？"

过了几天，内务府的人报告说，前门外的那家馆子早就关张了。可怜的道光皇帝只好认栽："算了算了，我不吃汤面了！"

第三种情况是查办案件，增加震慑力。

有一次，咸丰皇帝书房的门坏了，后勤部门的意见是换个新的，皇帝说修理一下就行了。门修好了，报销单据上写着白银5 000两。咸丰帝大为震怒，桌子一拍："你们当我是傻子！"立即下令组成专案组，要求一查到底，绝不姑息。

讯问了好几圈，结果出来了：具体办事的干部是新来的，业务不太熟，加上第一次给皇上办事，心情非常紧张，错把50两填成了5 000两。既然领导还有点儿专业知识，后勤部门着实小心谨慎了一阵子，但领导也不能事事都查，时间一长，依然如故。

光绪与慈禧的关系微妙，乘老佛爷60大寿之机，光绪定做了手镯作为生日礼物，表表忠心。内务府的庆宽司长是经手人，报销了四万两白银。光绪试探道："怎么这么贵？"庆宽笑笑说："太后看过了，很喜欢呢。"光绪很不爽，暗下决心要除掉这个蛀虫。

恰好此时，庆宽通过私下运作，包揽了慈禧寿辰庆典的政府采购工作，他的同事们眼红了，集体向皇上举报他的斑斑劣迹。光绪则顺势撤销了庆宽的一切职务，责令其提前退休。

两个月后的一天，吏部班子成员突然开会研究干部官员任免，大家一致推荐庆宽担任人人羡慕的肥缺——江西盐业专卖局一把手。光绪乖乖画圈，自此再不过问后勤的事。

第四种情况是揣着明白装糊涂，甚至狼狈为奸。

慈禧太后当政那些年，是大清历史上腐败分子过得最舒服的时期。这是因为慈禧自己就十分贪财，而纳贿收礼少不了帮手，鼓励报花账就成了她购买忠心的妙招，事情更一发不可收拾了。

有一天，后勤部门出去采购了100个皮箱，每个箱子报销60两银子。军机大臣阎敬铭有丰富的基层工作经验，还主管过财政部门，知道这里面猫腻不小，便悄悄告诉慈禧："现在市场上的皮箱，每个不会超过六两银子，内务府明显是报花账、骗领导，不认真查处不得了。"

慈禧连连摇头说："你别听人嚼舌根子，哪能这么便宜。"阎敬铭以为领导不了解行情，说我们家前天刚买了一个，还是名牌呢，也就几两银子，而且，集中采购的价格更低！慈禧这下不高兴了："那好吧，给你半个月时间，你帮我买100个便宜箱子，办不到你负责。"

第二天，阎敬铭兴冲冲地带着钱上街，不料所有箱包店都不开门。好不容易敲开了一家店，老板压低嗓子说：“昨天宫里来人了，通知箱包店一律停业整顿半个月，如有违反，以后就不能开店了。”

阎敬铭心想少跟我来这一套，我就不信正不压邪！奋笔疾书一封信，派人送给天津道台，请他赶紧代购100个皮箱送来。

半个月过去了，天津那边消息全无，就连送信的也不见踪影，急得阎敬铭差点儿撞墙。几年后他才知道，当时有人硬塞给送信的1 000两银子，让他滚得越远越好，不然小命不保。气得阎敬铭破口大骂：“洪洞县里没好人！”

内务府的干部天生都是坏蛋吗？不是坏蛋就不能到内务府工作吗？不是！他们都是经过层层把关选拔进来的，如果政治不可靠、品德有瑕疵、业务不精通，根本没有机会来为皇帝管理家务和财务。可是在清代，内务府却是最臭名昭著的部门，是腐败分子暖洋洋的温室，贪腐案件易发多发，许多干部成了明火执仗的劫匪，而且谁都拿它没辙。同样一个人，怎么会由天使变成了野兽呢？

原因很简单，内务府一直缺乏刚性的制约制度，更不要说现代财务制度；加上在皇帝身边工作，各部门巴结还来不及，谁敢监督？内务府编制超过3 000，指望皇帝一个人进行有效监督是不现实的；再说日久生情，猫和老鼠朝夕相伴，也会成为朋友。

其实，人本来就是半人半兽的东西，恩格斯早就说得明白：“人来源于动物界这一事实已经决定人永远不能完全摆脱兽性，所以问题永远只能在于摆脱得多些或少些。”同时，人又是理性动物，趋利避害是人类的理性选择，本无所谓好坏——这是人性的规律，也是人类社会不断发展的生物学原因。当攫取丰厚利益的机会无处不在、暴露的概率又低时，利害相权，只要有利无害或利大于害，他就可能选择当坏人。虽然，运用道德约束、思想教化等来改良人性，理论上具有根本意义和终极价值，但却不具备现实的、工具性的制约功能，不但效率低，而且不可靠，这就好比要防止鸡鸭进菜园子，扎紧篱笆是最有效的。

好的制度恰恰是这样一种精巧的工具，它并不试图改变人性，而是承认人性的现实，顺应人性的规律，通过基于人性特点的科学设计，诱导人们主动克服兽性、弘扬人性，主动选择做好事、当好人；即便是天生的恶棍，也会这样选择，否则就不符合他的利益，无论是现实的，还是长远的。

对此，先贤们早有精彩论断。邓小平说过，“制度好可以使坏人无法任意横行，制度不好可以使好人无法充分做好事，甚至走向反面。”政治哲学家哈耶克说，坏的制度会使好人做坏事，好的制度会使坏人也做好事。

历史和现实反复启示我们，“坏人”是坏的制度惯出来的，“好人”是好的制度制约、引导出来的；与其寄希望于发现“好人”，不如多花功夫在建立健全制度上，最终达到习近平同志提出的科学目标：“把权力关进制度的笼子里，形成不敢腐的惩戒机制、不能腐的防范机制、不易腐的保障机制。”

2013年8月2日发表于《中国纪检监察报》

作风问题最能反映一个人的本质，有什么样的精神世界，就有什么样的行为做派。内心既然没有了责任感和使命感的位置，人就是丢了灵魂的行尸走肉，除了奢侈享乐、消极腐败，他会有别的人生乐趣吗？他会与人民群众同甘苦共命运吗？让这样的干部掌握国家命运，不要说处于王朝末世，就算是在康乾盛世，结果也不会好。可见，干部作风问题折射出的深层问题，决定了一个政权的前途和命运。

庆亲王的作风问题

一

庆亲王奕劻虽然能力有限、名声不佳，却是清末政坛常青树，若论地位之显赫，除了慈禧太后、李鸿章和袁世凯，就数他了。自 1884 年到大清倒台的 27 年中，他先后负责外事、海军、财政等重要部门，后期荣升首席军机大臣、内阁总理大臣。

生逢乱世，肩上的担子又这样重，庆亲王自然忙得四脚朝天。但是庆亲王不但工作时间忙，业余时间更忙。吃饭、打牌、挣钱这三件事，是庆亲王业余生活的主旋律，耗去了他的大量精力，也耗掉了大清最后一点儿生机。

请客和吃请，是庆亲王每天的必修课。宴会主题名目繁多，以庆贺生日为主。哪里来这样多的生日呢？这和当时的婚姻制度有关：有权有势的人都是老婆一群、孩子一堆，排着队过生日也就不奇怪了，一年365天根本不够用。所以，要是一天撞上好几个过生日的，就不得不跑场子，不到大半夜哪里能回家，常年如此，确实辛苦得不行。

像庆亲王这样的成功人士，自家办生日宴会、顺便收点儿礼金之类的事，已经够他忙的了，考虑到礼尚往来的传统习俗，加上要照顾上下左右的关系，所以别的有头有脸人家的庆生活动，不去也不合适。如此一来，庆亲王不是在主办宴会，就是在出席宴会的路上。

剩下的时间该歇歇了吧？不行，他还得打麻将。过去宫中并不时兴这玩意儿，主要是慈禧对此没啥兴趣。但是庆亲王一贯要求进步，为了讨老佛爷喜欢，他竟然把麻将牌引入宫中，手把手地将搓麻技艺推广开来，使打麻将成了晚清皇宫中最流行的娱乐活动，从宫女到太监，人人乐此不疲。

当时大清正值内外交困，慈禧自然是焦头烂额。哗啦哗啦洗牌的声音就像美妙的音乐，对于舒解紧张烦闷的心情似乎有好处，所以慈禧对麻将引进工作十分满意。

当然，这只是第一步。庆亲王的高明之处，在于不时让他的

晚清，打麻将在中国皇家贵族中逐渐风行。

一个小老婆进宫，不是陪老佛爷就是陪老佛爷身边工作人员来两圈。这位女士是庆亲王所有配偶中麻将打得最烂的，每次进宫陪打，随身带去的银票总是不够输，中途还得回去取。功夫不负有心人，庆亲王因此不断得到提拔重用。

有人实在看不下去，郑重提出不同看法。慈禧坦诚地做人家的思想工作：

“我又不傻，他有几斤几两我能不知道吗？但是呢，看来看去，还是他贴心。”

说他没本事还真有点儿冤枉，至少他的理财能力是出类拔萃的。

清朝中央政府官员的工资并不高，要想理财，先要解决无财可理的问题。对此，监察部门直指庆亲王“细大不捐”，大钱不怕多，小钱不嫌少。他的生财之道说起来很简单，就是卖官，他家俨然官帽子专卖店，明码标价，诚实守信，一分钱一分货，买卖好得很。

其中最著名的一单生意，是中层干部段芝贵送上白银 10 万两，立马就买到了布政使、黑龙江代理巡抚的高帽子。这样的事情多了，再加上他住的是和珅的老宅，社会上就给他起了个绰号：庆氏公司总经理！

经认真调查核实，英国《泰晤士报》驻华记者莫里循披露，庆亲王奕劻的银行存款高达 712.5 万英镑——稍早，简 · 爱小姐在桑菲尔德庄园做家庭教师，年薪 30 英镑，生活就比较体面了；达尔文买了一幢带花园的豪宅，不过 2 000 英镑。可见庆总企业的效益有多好!

最让人刮目相看的是，庆亲王在理财方面绝对有创新意识和超前意识，可谓前无古人，开风气之先。虽然外国银行已经大量进驻中国，但是一来国人觉得它不可靠，二来鸦片战争之后，特别是八国联军侵华硝烟未散，人们的爱国热情空前高涨，大家耻于与外国人打交道，更愿意到中国人的银行或钱庄存钱。

而庆亲王却反其道而行之，格外信任和青睐外资银行，特别是英资汇丰银行，民族金融机构里没有他一分钱！英国人莫里循之所以对他的存款数额言之凿凿如此精确估计与此有关。

堂堂大清宰辅绕着本国企业走，真是耐人寻味；庆亲王要是迟生 100 年，不是个怀揣外国护照、见首不见尾的“裸官”，那就怪了!

二

庆亲王位高权重，他的业余爱好自然影响深远，直接引领了官场风气和社会风气。

由于他的身体力行，当时北京的餐饮业、娱乐业十分发达。从前门大街到八大胡同，觥筹交错，灯红酒绿。洗牌声此起彼伏，不绝于耳。澡堂子、戏园子、茶楼、青楼的生意也被带火了，成了上流社会重要的社交和娱乐中心，大小官员和成功商人永远是这里的主角。日日嘉年华会，夜夜声色犬马，除此之外，这个国家的精英似乎没有什么正经事可做。

由于言官冒死举报，买官的段芝贵在上任途中就被撤职查办，而卖官的庆亲王却安然无恙，照样每天忙于饭局、牌局，进出外资银行，活得有滋有味、有声有色。

榜样的力量是无穷的，同事们的业余生活轨迹跟他毫无二致，梁士诒、那桐、曹汝霖等重要人物，都是洋银行的大客户。至于今夕何夕，他们哪有时间去费这个脑子。

对此，连老外都忍不住了。莫里循毫不客气地写道，庆亲王的所作所为，简直是在坑害这个国家。力主彻底改革的湖北省咨议局议长汤化龙则仰天长叹："釜水已沸，而鱼竟不知！"他说这句话的时候，日历已经翻到了1911年6月。

辛亥枪响六年后，庆亲王奕劻寿终正寝。已经丢了江山的清皇室这才明白过来，给他加的谥号是"密"，意思是"查找不足，认真整改"。无论对于庆亲王本人，还是对于清皇室，这个时候再来总结经验教训，显然没有任何意义。但是，对于身处民族复兴大时代的我们，庆亲王是一本难得的居安思危的好教材，是我们应该照一照的镜子。

乍看起来，庆亲王整天吃喝玩乐、纸醉金迷，是一个典型的

"四风"不正的干部，其实，作风问题最能反映一个人的本质，有什么样的精神世界，就有什么样的行为做派。内心既然没有责任感和使命感的位置，人就是丢了灵魂的行尸走肉，除了奢侈享乐、消极腐败，他会有别的人生乐趣吗？他会与人民群众同甘苦共命运吗？让这样的干部掌握国家命运，不要说处于王朝末世，就算是在康乾盛世，结果也不会好多少。可见，干部作风问题折射出的深层问题，决定了一个政权的前途和命运。

正在全党深入开展的群众路线教育实践活动，"要对作风之弊、行为之垢来一次大排查、大检修、大扫除"，是我们党对作风问题由表及里认识的升华，是一次志在标本兼治的重大政治行动。只要我们站在巩固党的执政地位的高度，认真照历史的镜子，正自己的衣冠，特别是自觉加强党性修养，提高宗旨意识，坚定理想信念，就一定会胸襟浩瀚、志趣高远，以昂扬的精神状态、征服一切困难的气概，经受住历史的考验，成为实现中华民族伟大复兴的中流砥柱。

2013年10月14日发表于《中国纪检监察报》

没有制约的权力，是贪污腐败生态系统中倒下的第一张多米诺骨牌，这张牌倒下之后，灾难便会此起彼伏、愈演愈烈，阻止起来成本高、效率低，十分被动。因此，在保持惩治威慑力的同时，腾出一只手来防范第一张牌倒下，是长久之策，也最为经济。

一把扇子与制度设计

一

清代的山西有个地主，培养干部从娃娃抓起，竟然为六岁的儿子捐了个官。确切地说，捐的这个“官”只是后备干部。这孩子等啊等，等到 80 岁的时候，终于当上了某地常务副市长——五品同知。这个黑色政治幽默，十分生动地刻画了候补官员等待上岗之苦。

进士出身的福建候补知县黄兰阶，不愿意这样傻等。1881 年树叶飘零时节，他风尘仆仆奔到北京，求他父亲的发小儿、当今军机大臣左宗棠写个条子。

当知道黄兰阶的来意后，正直无私的左宗棠拉下了脸：

“你要是真有本事，上面迟早会用你，你搞歪门邪道就不对了。”

这是改变命运的唯一机会，黄兰阶豁出去了：

“您是中兴名臣，本领够大吧，但是如果没有曾文正公鼎力推荐，您现在一定还在湖南老家种水稻吧！过去我也相信是金子总会发光，现在眼见名字都不会写的捐官都安排工作了，读书人还有指望吗？再来第三次鸦片战争，朝廷还会输！”

左宗棠生气了：

“我看你适合回老家种水稻，看在你爹的分儿上，我送你几十亩水田够了吧！”

黄兰阶心情低落到了极点，像没头苍蝇一样在大街上瞎转。转到琉璃厂的时候，他的眼睛突然一亮。

黄兰阶发现，琉璃厂有不少店铺售卖仿冒的名人字画，包括左宗棠的书法。黄兰阶犹豫半晌，胆战心惊地买了一幅“左宗棠”扇面。

不久，闽浙总督何璋召集后备干部谈心，教育大家坚定信念，加强学习，随时准备接受国家挑选。轮到黄兰阶的时候，总督发现这家伙老是使劲扇扇子，弄得哗啦哗啦响。何璋心里烦透了，大声训斥道：

“就你这作风还想进步？现在都快入冬了，至于那么热吗！”

黄兰阶开始背台词：

“不好意思，扇子是北京一个大领导送的，我不敢离身呀。”

何璋拿过扇面一看，竟然是左宗棠亲笔题写的，吃惊不小：

“您认识左大人？”

黄兰阶从容作答：

“左叔叔是我爸爸的老朋友，几十年交情了。”

何璋一听，脸色煞白。下班以后，忙不迭向秘书诉苦：

“我一直以为他是土鳖一个，让人家坐了不少年冷板凳，这下完了！”

秘书却很淡定，轻声献上四字真言：

“特事特办。”

10天之后，黄兰阶揣着任命通知，到一个年年风调雨顺的大县当了县令。

不久，何璋找了个机会，专门拜见了左宗棠，诚恳地做自我批评：

“我们的工作没做好，像黄兰阶这样德才兼备的好干部，我们直到最近才发现，差点儿把人家耽误了。”

左宗棠哈哈一笑：

“小黄当官了？这小子去年找我写推荐信，让我骂回去了。我就说嘛，哪有领导不爱才的。”

何璋暗自庆幸：看来重用黄兰阶是对的，而且必须进一步培养。

回福建后，何璋不断给中央打报告，反复宣传黄兰阶政绩如何如何突出。“功夫不负有心人，”不久，黄兰阶荣升汀漳道员，领导着汀州、漳州二府，官阶四品，约等于今天的副省级。此时，距离他在闽浙总督府哗啦哗啦扇扇子，仅仅过去两年。

二

一把扇子竟然有这么大的魔力，引起了人们的极大兴趣：何璋突击任命、越级提拔黄兰阶之事，左宗棠心里到底有数没有，是配合默契演双簧呢，还是被蒙在鼓里？

左宗棠收复新疆、维护国家统一有奇功，学历很低（一直没考上进士）却封侯拜相，这样完美而传奇的高干在晚清实在太少，所以许多人宁愿相信，他是稀里糊涂上了当，阴差阳错帮了忙。也有人认为，左宗棠宅心仁厚，机敏过人，利用何璋巴结领导的心理，帮朋友的孩子找份工作，一没收黄家半个铜板，二没对何璋投桃报李，实在无伤大雅。

这些猜测都有一定道理，却非要害。关键的问题是，黄兰阶为什么要跑官、要官、骗官？假如他跟左宗棠八竿子打不着，或者在左家碰了钉子后，没去琉璃厂，没买那把魔扇，结局会怎样？

在封建中国历史上，清朝的政治腐败可谓登峰造极，吏治腐败是其最核心的部分。其中，捐官制度对吏治腐败起了推波助澜、火上浇油的作用。

清朝的捐官制度始于康熙朝，起初是作为弥补军费不足的临时性措施，名额有限，条件严苛，后来逐步泛滥成灾。从咸丰开始，内乱、外患不断，朝廷试图用大量增加捐官名额的办法，弥补严重的财政赤字；加上像黄兰阶那样，由吏部派到各部、各地等位子的进士源源不绝，后备干部队伍越拉越长。光绪年间仅一个湖北省，就有各级后备干部 1 400 余人。由于编制所限，萝卜与坑根本不成比例，等个 10 年、20 年才上岗并不为奇；到死没过过一天官瘾的，也大有人在。这样看来，山西那个 80 岁“老干部”算是幸运的了。因此，当时社会上干脆称他们为“灾官”，意思是当了候补官，简直是活受罪。

尽管这么多干部不好消化，但假使选拔任用的制度设计科学规范，依照客观标准确定使用顺序，那么，即使晚解决甚至不解决，他们也不必想歪点子，继续自我完善就是了。起初，对后备干部实行的是双重管理，选拔任用工作主要由吏部负责，地方总督和巡抚也有考察权和使用建议权，权力既分散又有一定制约，两家画圈才算数。要同时打通吏部和督抚两道关节，难度确实不小。这种制度安排，对于防范用人腐败起了一定作用。

清朝后期中央权力式微，地方势力坐大，后备干部的管理使用权逐渐被地方侵吞。没有了吏部的牵制，督抚如鱼得水，干部是不是金子、要不要发光，全凭他一张嘴。谁送的钱多就用谁，一岗任命多人，今天任命、明天免职再任用他人，这些五花八门的敛财手法，实际上是一顶帽子反复卖，把200年来好不容易形成的干部选拔任用制度，破坏得一干二净。这让黄兰阶这样的穷书生心如死灰，假如他始终坚持不变“坏”，一辈子就交待了。

后备干部本来就穷困潦倒，如果上面没人罩着，那就只剩借债、上贡一条道。既然官帽子是花血本买来的，一旦逮着机会，他怎么可能廉洁自律？怎么可能不使劲捞？怎么可能把心思花在工作上？债主还在门口排着队呢！

就这样，买官的跟卖官的构成了一条生物链，环环相扣，各得其所，结果是官僚队伍急剧膨胀，贪污腐败明火执仗，人民负担进一步加重，社会矛盾不断激化。早已陷入泥塘的大清再也支撑不住，终于轰然倒下。说吏治腐败是最大的腐败，就在于它能彻底摧毁政治统治的基石，连根消解政权的合法性！

没有制约的权力，是贪污腐败生态系统中倒下的第一张多米诺骨牌，这张牌倒下之后，灾难便会此起彼伏、愈演愈烈，阻止起来成本高、效率低，十分被动。因此，在保持惩治威慑力的同时，腾出一只手来防范第一张牌倒下，是长久之策，也最为经济。不同的预防手段各有其价值，但具有工具性意义的还是制度。王岐山同志之所以强调“加强制度建设、实施制度创新”，道理就在这里。

“加强制度建设、实施制度创新”，意味着不仅要增加制度的“量”，更要提高制度的“质”。只有体现了权力制衡制约的规律和功能，制度才名副其实；权力制衡制约的充分程度，与制度的科学性、有效性成正比——黄兰阶的人生沉浮，为此提供了佐证。

2013年11月4日发表于《中国纪检监察报》

雍正帝的严厉和温情是有原则、有主题的：他要打造一支铁的队伍，服务于改造中国的大棋局。他自己说得明白：就是为了让大家真心实意为国家做事。

雍正皇帝的另一面

老话说，当家三年狗都嫌，皇帝也不例外。

如果让史学家评选中国历史上最成功的改革家，雍正皇帝必定名列前茅。然而，当初他手下的好多干部，却犯过嘀咕。

对于新君的治吏新政和一系列非常举措，有些人很不适应，嘴上不敢说，内心有看法，觉得他“刻薄寡恩”，严苛得不近人情、不留余地：贪则坐牢砍头，懒则撤职辞退；今晚偷偷搓麻弄点儿小钱，明早就会受到警告；歌颂皇上讨个好也被骂得狗血喷头，还得去刑场观摩贪官受死。弄得整天战战兢兢的，当官还有啥意思呀！

清 佚名 刺虎

他们看不到这个皇帝“柔”的一面，那是许多“宽厚”无为的帝王所没有的，正体现了一个大政治家的特质。

一

雍正十年（1732年），河南学政俞鸿图在主持乡试期间，违反规定把21岁的小妾带了过来。小姑娘对付老头子易如反掌，很快套取了试卷内容，然后让仆人出去找买主。一万多两银子轻松落袋，小妾得意极了，哪里想到这笔买卖是多么划不来。

一看平时根本不读书的“富二代”居然榜上有名，舆情汹涌，社会一片哗然，眼看要闹出群体性事件。雍正要求从重从快处理，给社会一个交代。刑部建议判处俞鸿图腰斩，雍正毫不犹豫地画了圈。

清代连上刑场也需要贿赂。因为是在办公室里直接被捕的，俞鸿图身上一文不名。刽子手拿不到好处，下刀一再“失误”，给犯人一个慢死。俞鸿图用手指蘸着自己的血，在地上连写了七个“惨”字。

没等主事官员报告完执行情况，雍正帝连连摆手：“别说了，别说了！”随即指示：以后轻易不用这种刑罚。据说俞鸿图是最后一名被执行腰斩的死刑犯。

科举是保证中国封建制度得以延续不变的压舱石，雍正帝对俞鸿图毫不手软，可谓执法无情。但腰斩是我国古代最野蛮、最不人道的一种刑罚，敢于废弃始自春秋时期的古老传统，显示出不忍之心，不能说他一味“嗜杀”吧。

许多德才兼具敢担当的干部，更能感受到雍正浓浓的人情味。比如在他们的报告上，他竟会这样批示：你最近身体好吗？好久不见，很是想念！等你完成任务回来，咱俩好好聚聚。

他关心干部的方式有时出人意料，至少看起来诚意多于权术。一天，某巡抚接到雍正帝的亲笔信，让他即刻回京商量大事。刚要动身，又一匹快马送来他的第二封信，说我找人给你算了一卦，你近日不宜远行，还是下个月再来吧。

爱屋及乌，雍正帝对干部家属也很关心。湖广总督杨宗仁重病卧床，雍正帝派御医赶赴武昌诊治，并要他有什么要求尽管提。杨总督说，我儿子在陕西榆林当道台，要是他能请假过来服侍我，那就太好了。皇上说，请假耽误他前程，不请假耽误你养病，不如调他到武昌当按察使，公私两便岂不更好？

雍正五年（1727），陈时夏升任江苏巡抚。80多岁的老娘一个人在云南老家生活，孝子陈时夏很不放心。雍正帝急令云南巡抚鄂尔泰：赶紧组织最好的轿子、轿夫，把陈老太太抬到苏州。什么时候出发，什么时候休息，什么时候吃饭，都听老人家的。安全第一，不赶时间。

同样是关心干部家属，有时候雍正帝又会由柔变刚，前后判若两人。孙国玺新任台湾道台，由于这个岗位不允许带家属，他只得把老母亲留在海峡此岸。雍正帝严厉批评吏部工作不细，又发一文，调孙国玺到福州工作。

过了几年，老妈要过80大寿了。孙国玺觉得跟皇上关系不错，便请求恩赐匾额，给予诰封。皇上拍了桌子："你还有脸开口？你这几年干了些什么，以为我不知道？老太太就要被你这浑球连累了，你还装孝顺，等着查处吧！"

有趣的是，雍正皇帝有时在工作中突然冒出的几分孩子气，让人忍俊不禁，也让人深思。

新君上任，正需要立威。翰林院的孙嘉淦哪壶不开提哪壶，批评皇上跟亲兄弟搞不好团结。在争取接班地位过程中，兄弟之间免不了恩恩怨怨，康熙皇帝晚年疾病缠身，60多岁就走了，就是被这事气的。这个家丑不但涉及前后两代皇帝的高大形象，还关乎体制问题，成熟一点儿的干部都会绕着走。

果然，雍正皇帝脸都气白了，逼问翰林院："一个从七品毛孩子敢这样狂妄，真是找死的节奏啊，你们打算怎么办？你们不处理我处理！"

正在紧急关头，太子的家庭教师、吏部尚书朱轼咳嗽了一声，慢悠悠地说："这小子确实狂妄，一定要严肃处理。不过说实话，我很佩服他的胆量，有点儿魏征的影子呢！"

雍正毕竟是雍正，愣了一下，红着脸赶紧给自己找台阶下："嘿嘿，我跟朱老师一样，我也佩服小孙的胆量。"接着，把孙嘉淦越级提拔到司局级。

这件事还刺激雍正开动脑筋，创设了秘密立储的皇位继承制度，从根本上解决了兄弟“团结”的问题，意义深远。自从皇帝把接班人名单塞到“正大光明”匾牌后，皇子们只管正大光明地做好工作就是了，再也不用斗智斗勇斗狠了。爱新觉罗家的统治能再延续近200年，与这项充满智慧的制度设计有关。

有多大抱负就有多大度量，有多大度量就有多大成就。雍正皇帝的博大胸怀和用人导向，是雍正新政的重要特点，不但吸引了天下英雄为知己者死，并且影响到他身后，为辉煌的乾隆时代储备了大量值得信赖的干部。

除了这些“花絮”，“摊丁入亩”之类涉及民生的重大改革，无论他是什么目的，客观上毫无疑问是德政、仁政。

清代原有的人头税制度十分荒唐，不管老百姓家里有没有土地，一律按人头交税，乞丐与富豪平等，穷人生不如死。实行“摊丁入亩”之后，土地多的多交，土地少的少交，没土地的不交，不知给多少穷人卸下了沉重的枷锁，铲除了多少官员的摇钱树。对地主老财和贪官来说，这当然是“严苛”！

二

事实上，双管齐下正是雍正治吏的基本特点。

清 雍正帝书法 “俯仰不愧天地，褒贬自有春秋”

一方面，对腐败的贪官、混日子的懒官、只会拍马屁的巧官出手很重，始终保持高压，尽管人治色彩浓厚，但是对一个封建帝王来说已属不易，岂能求全责备。

另一方面，对待忠臣、清官、能人，雍正帝无不春风满面，呵护有加。这才是一个完整的雍正皇帝，一枚双面的硬币。

雍正帝的严厉和温情是有原则、有主题的：他要打造一支铁的队伍，服务于改造中国的大棋局。他自己说得明白：就是为了让大家真心实意为国家做事。

雍正皇帝成功了。他和他的团队仅用康熙、乾隆执政的十分之一的时间，创造了许多奇迹，把中国古代文明推向了极致："雍正一朝，无官不清"；国民生产总值接近全球的三分之一；康乾盛世的框架结构基本完工！

那真是史上少见的革故鼎新、改天换地的时代，也是一个风云际会、大浪淘沙的时代，每个人都面临抉择。——我现在突发奇想：如果能穿越回到300年前，我是雍正手下的一名干部，我会如何抉择呢？

理想决定立场，立场决定思想。如果我站在苍生社稷、修齐治平的大格局上看雍正，自会紧跟时代步伐，不待扬鞭自奋蹄；如果我满脑子是升官发财当老爷的封建糟粕，一定感到度日如年，抱怨"官不聊生"、"舒适度"没了。内心一有抵触，自然想方设法逃避、抵制、糊弄、贪腐，巴不得一切赶紧过去。

思想决定行为，格局决定结局。如果我选择前者，最终必然炼成亮闪闪的真金，人生的价值便厚重起来。如果我选择了后者，我就是一粒无足轻重的沙子，被时代的洪流冲得不知所终。

没有第三种结果。

2014年6月24日发表于《中国纪检监察报》

下编

中国历史的教训

苏共在党和人民关系问题上的无所作为、反向作为，使自己从代表全民族利益的先锋队，蜕变为只为少数人活着的资产阶级市侩集团，直接决定了人心向背和自身命运。

苏联政治笑话中的干群关系

天性活泼的美国总统里根，给戈尔巴乔夫讲过一个苏联政治笑话：

> 某天，戈尔巴乔夫嫌司机开车慢，抢过方向盘，开足马力横冲直撞。行人责问交警：“为什么不阻拦？”警察说：“我不敢，他的官太大了！”行人：“有多大？”警察低声说：“戈尔巴乔夫为他开车。”

据里根回忆，戈尔巴乔夫听后哈哈大笑。

政治笑话在苏联社会曾十分流行。转眼间，苏联和苏共烟消

冷战时期美国漫画家埃德蒙·斯·沃特曼（Edmund S. Valtman）的作品：《不敢相信我的眼睛》（*I Can't Believe My Eyes*），很直观地反映了苏联社会主义的发展历程。画中同属 Paradise（天堂）的 Communist（共产主义者）马克思、列宁以及斯大林带着惊奇的眼光俯视着戈尔巴乔夫经营的苏联社会主义被装进了棺木，发出“I Can't Believe My Eyes”的惊叹。

云散 20 多年了，今天再来回味那些有趣的民间创作，却令人大吃一惊：几乎所有的“段子”，都是干群关系出故障的报警信号。

共产党来了怎么办？

许多政治笑话嘲讽苏联的社会不公、干部的享乐主义和奢靡风气，干群关系的裂痕清晰可见。

> 勃列日涅夫把老母亲从乡下接到莫斯科，骄傲地展示自己的豪华别墅、名贵家具、高级汽车。老太太说：“孩子啊，这一切好是好，但共产党来了怎么办？”

1918 年，新生的苏维埃政权遭遇粮荒，粮食人民委员瞿鲁巴在开会时饿晕了。为保证革命事业顺利进行，列宁决定建干部“疗养食堂”救急。

当年迫不得已的临时措施，慢慢演化为干部特供商店，高级生活用品和国际名牌应有尽有，老百姓看都不让看。

斯大林的一大发明是给高干发“红包”，比工资厚得多。他喜欢召集大家共享奢华晚宴，不醉不休，天不亮不休。他的女儿斯维特兰娜看不下去了，说老爸浪费了多少钱哦！赫鲁晓夫则抱怨第二天起不了床，中央机关老是停摆。

勃列日涅夫则让陋习普遍化、制度化了。那时，干部子女可以免试上最好的大学，进最好的单位。1983 年，刚出任苏共中央组织部长的利加乔夫，主动提出不配豪华轿车。中办主任严肃批评他不懂规矩：你这是搞“特殊化”！

那群众过着什么日子呢？苏共执政 74 年、苏联立国 69 年，一直没有解决好民生问题，买什么都要排长队，排了半天还常常白排。老百姓受不了，关于排队的段子特别多。

> 伊万下班回家，看见老婆和一个陌生人躺在床上。伊万吼道：“真耽误事，街角的商店在卖鸡蛋，还不赶紧排队去！”

里子没有了，却在面子上狠下功夫，就像苏共元老雷日科夫总结的那样：从上到下“谎话连篇”。

> 苏方接待人员自豪地介绍：“再过几年每家都会有私人飞机。”外宾惊讶地问：“要那么多飞机干啥？”答：“譬如你家在莫斯科，听说列宁格勒卖面包了，可以开上飞机赶去排队。”

群众跟着苏共一起流血流汗度过了峥嵘岁月，现在却一个在地狱，一个在天堂，心中的凄凉和愤懑可想而知，不戳苏共脊梁骨才怪。

但是苏共缺乏自我约束的自觉，作风问题又升格为腐败问题。

过去列宁对干部管束很严，甚至主张“共产党员犯罪罪加一等”。列宁去世后，干部越过越舒服，到了勃列日涅夫时期，如果一个人没机会搞腐败，会被人瞧不起。

格鲁吉亚一所中学，老师让学生谈谈自己的父亲。

萨卡什维里：“我爸爸贩橘子到莫斯科卖，因此赚了不少钱。”

图拉什维里：“我爸爸贩月桂到莫斯科卖，因此赚了不少钱。”

布里泽：“我爸爸在分局工作，每次他俩的爸爸从莫斯科回来，都来看望我爸爸，因此我爸爸赚了不少钱。”

全班发出啧啧声。

查维查瓦泽：“我爸爸是科学家。”

全班哄堂大笑。

“孩子们！”老师严肃地提醒，“不要把快乐建立在别人的痛苦之上！”

1980年，一个警察偶然买到了几听鲱鱼罐头，打开后发现是昂贵的鱼子酱。原来，有人把鱼子酱改头换面卖到国外，巨额赃款流入瑞士银行已经持续了10年。

这起震动全苏的走私大案，牵涉到中央部委、军队和地方共300多名干部，苏共中央委员、克拉斯诺达尔边疆区党委第一书记麦杜诺夫是主谋。中央进行了“严肃”处理：几个马仔被判了刑，麦杜诺夫同志调任苏联粮食食品部副部长！

最要命的是吏治腐败。1973 年格鲁吉亚党中央二月全会检讨：靠幕后操纵、社会关系和效忠个人选拔干部，严重违反了列宁主义原则。文件回避了普遍的卖官鬻爵现象。1969 年，阿塞拜疆一个区委第一书记的位子标价 20 万卢布，第二书记减半。

装出火车还在走的样子

民生问题和恶劣党风，导致党与群众渐行渐远。好在老人们还记得党的光辉历史，如果苏共早下决心加以改变，结果会大不一样。可是，苏共却若无其事地走着老路，靠官僚主义和形式主义混日子，好像在考验人民的耐性。

火车因为没有燃料停在半路，这可咋办？勃列日涅夫指示：大家一起摇晃身体，装出火车还在走的样子。

赫鲁晓夫和柯西金试探过改革经济，遭到体制内的强烈抵制，草草收兵。勃列日涅夫公开批评说：“瞎改什么呀，做好工作就行了。”

集体农庄开会研究两个问题：建造木棚和建设共产主义。

由于没有木板，决定直接研究第二个问题。

为了固化既得利益格局，勃列日涅夫甚至搞了领导干部终身制，包括三任总书记在内的许多领导干部，直接死在任上，苏共成了一池死水。学界公认，勃列日涅夫当政的18年，是苏联的停滞期、矛盾积累期，看起来稳稳当当，其实危如累卵，苏联和苏共的最终结局，很大程度上是拜他所赐。

面对要求变革的强烈呼声，苏共采取了自杀式的打压态度，民主集中制冬眠，党员权利被冷藏，一片鸦雀无声。

"同志，你对这个问题有什么意见吗？"党支书问。

"我是有意见，但我不同意我的意见！"

不是没有好建议，而是说真话的代价太大。

赫鲁晓夫在苏共二十大上揭露斯大林的错误，台下有人递上条子："赫鲁晓夫同志，当时你在干啥？"赫鲁晓夫连问三次："谁写的？站起来！"始终没人站出来。赫鲁晓夫笑了："告诉你吧，当时我就坐在你的位置上。"

一边压制批评和自我批评，一边鼓励表扬和自我表扬。就连各地、各部门领导所到之处，都要挂满歌功颂德的横幅，宣读热情洋溢的致敬信，十分肉麻。

埃德蒙 · 斯 · 沃特曼 (Edmund S. Valtman) 勃列日涅夫 (漫画)

勃列日涅夫一生得了114枚勋章、奖章，其中有不少是他自己颁发给自己的。在他的葬礼上，足有一个班的战士负责捧着这些牌牌，群众觉得很可笑。

“勃列日涅夫同志做手术了。”

“什么手术？”

“隆胸手术。”

“为啥呀？”

“勋章挂不下了。”

在这种暖洋洋的空气中，苏共正与人民分道扬镳。戈尔巴乔夫的笨拙改革雪上加霜，社会到了列宁所说的“统治者与被统治者都活不下去”的程度。

斯大林时期，如果有人敲门，人们立即停止讲政治笑话，开始喝酒。戈尔巴乔夫时期，如果有人敲门，人们立即把酒藏起来，开始讲政治笑话。

宣传机器则继续文过饰非编童话，糊弄老百姓，哄领导开心。

“伊万诺维奇，你经常读《真理报》吗？”

“当然，不然我怎么知道我过着幸福生活？”

像勃列日涅夫的母亲一样，群众觉得苏共变了，不像自己人了：

勃列日涅夫向工人们发表讲话：

“很快我们就能生活得更好。”

台下传来一个声音：“那俺们怎么办？”

在苏联解体前一年，《西伯利亚报》以“苏共代表谁”为题开展读者调查，结果显示，认为苏共代表全体人民的占7%，代表工人的占4%，代表全体党员的占11%，代表党政干部的占85%！

1991年6月，俄罗斯举行首届总统选举。作为苏共推出的候选人，苏共中央政治局委员、卸任苏联总理不久的雷日科夫，得票率仅16.85%。苏联剧变后，俄共总书记久加诺夫多次参加总统竞选，得票最高的一回也只有31.96%。

可悲的事实表明人民伤透了心，也解开了一个令人困惑的谜：为什么苏共轰轰烈烈登上历史舞台，退场时却如此孤独，甚至没有几人前来送别！

与此同时，中国共产党正快速超越过去的先生，人民生活水平突飞猛进，中国的巨大成就连敌人都没法否认。两相对照，苏联人艳羡不已，把社会主义的前途寄托在中国身上。

一个乌克兰人被叫到克格勃。问：“你怎么经常收到以色列的邮件？”答：“第二次世界大战中我藏匿过一个犹太人，现在他给我寄吃的。”问：“苏联人不该这样做，你不为自己的将来想想？”答：“我想好了，以后我还要藏中国人。”

中国不仅有邓小平

李肇星有一次在国际航班上，邂逅了早已失去苏共和苏联的原苏共中央总书记、原苏联总统戈尔巴乔夫，问了一个全世界都想问的问题:为什么结局会是这样？戈尔巴乔夫想了想说：“因为我们没有邓小平！”

苏共是世界上第一个马克思主义执政党，建成全球第二、欧洲第一的经济强国只用了20年。苏联不但战胜了强大的德国，还长期与美国平起平坐，曾让整个西方世界寝食不安。

没有人料到这个庞然大物竟一夜倾覆，许多人至今仍回不过神来。从那一刻起，人们对这一20世纪最惊人的政治事件进行了不懈的研究，众说纷纭，莫衷一是。作为葬礼的主持人，戈尔巴乔夫的感慨意味深长，值得注意。

从1977年复出，到1997年去世的20年间，邓小平领导实施了改变中国和世界的两大政治行动，一是改革开放，二是锤炼党风。两件大事竟发端于同一次会议：1978年12月召开的十一届三中全会，在举起改革大旗的同时，恢复成立了中央纪委。

人们很少注意到这两者之间的逻辑联系：改革开放顺应天下大势，是民族复兴的必由之路；端正党风提高了党的先进性，是改革开放的政治保障。只有改革开放，社会主义才有吸引力；只有风清气正，共产党才有凝聚力。人民“拥护不拥护，赞成不赞成，高兴不高兴，满意不满意”，这两大决策是最好的诠释。

想想都后怕：如果没有改革开放，现在的中国一定不是到处堵车，而是到处排队；如果没有过硬的党风，人人心里窝着火，改革只会是纸上谈兵。如果两者都没有呢？

作为一个伟大的马克思主义者，邓小平伟大战略的逻辑起点，是历史唯物主义的理论基石——人民主体论。人民是社会发展的决定性力量，是共产党存在的全部理由，是一切工作的起点、终点和标准——这是马克思主义政党的核心理念，也是邓小平始终坚守的根本政治立场。

站在这个立场看问题，中国为什么繁荣稳定？苏共为什么走向末路？答案一目了然。

尽管任何社会现象的发生，都有数不清的促成因素，但内因永远是变化的根源。苏共在党和人民关系问题上的无所作为、反向作为，使自己从代表全民族利益的先锋队，蜕变为只为少数人活着的资产阶级市侩集团，直接决定了人心向背和自身命运。

对此，苏共问题专家李慎明的观点一针见血：苏共的蜕化变质，是苏联解体、苏共亡党的根本原因。黄宗良则进一步指出：苏共是被人民而不是被敌人推翻的，承认这个事实很痛苦，不承认就不能吸取教训。

角度决定高度，立场决定命运。苏共背叛人民在先，人民唾弃苏共在后，印证了“物必先腐，而后虫生”的道理，重演了“水能载舟，亦能覆舟”的老剧本，完全是咎由自取，怪不得别人。对于最后只剩下“共产党”招牌的假共产党的倒台，我们不但没有半滴眼泪，还要欢呼人民主体论的胜利，否则，就偏离了马克思主义的根本政治立场。毫无疑问，研究苏共兴亡，吸取经验教训，关键词不是“权位”，而是“人民”！

“人民对美好生活的向往，就是我们的奋斗目标！”中国共产党的回答响亮而坚定。

党的十八大之后，党中央从人民的利益和立场出发，迅速打出八项规定，“老虎”、“苍蝇”一起打和群众路线教育实践活动的组合拳。政治局率先垂范、徙木为信，清理腐枝败叶、编织制度笼子，干部舒适度剧降、群众满意度激升，好传统回归、坏习气鼠窜，全国人民发自内心地拥戴和支持。党的威望持续提高，党群关系空前紧密，改革巨舰一往无前，党的事业一片生机。

神州气象如此，戈尔巴乔夫或许又有感慨：“中国不仅有邓小平！”

中国不仅有邓小平，这是中国和中国人民的幸运，是中国共产党充满生机和活力的结果，也是苏共的悲哀所在。“种瓜得瓜，种豆得豆”，曾对政治笑话一笑了之的苏共遗老们，如今情何以堪……

2014年4月22日发表于《中国纪检监察报》

得人心者得天下，看似一个简单的政治常识，根本不需要什么高深理论阐释。

本质决定作风，作风就是人心向背，所以“作风问题关系党的生死存亡”。

共产党是如何“买通”陈嘉庚的

对于政治家来说，吃饭也是政治。抗战时期，蒋介石、毛泽东先后请爱国侨领陈嘉庚吃饭，产生的严肃政治后果，连他们自己也没想到。

一

1940年春，旅居新加坡的爱国侨领陈嘉庚，带着众多南洋华侨的殷殷嘱托，率团回到祖国慰问抗日军民，第一站当然是战时首都重庆。蒋介石十分重视，下令不惜一切代价做好接待工作，务必让客人满意。他这样要求是有原因的。

陈嘉庚是同盟会出身的爱国老华侨，整个厦门的集美学村就是他用一生的积蓄捐献的。抗战开始后，他作为“南洋华侨总会”主席，负责组织整个东南亚地区侨胞支援祖国抗战的工作。在他的组织领导下，广大侨胞通过总会，逐月向国内捐钱捐物，抗战三年以来，共为祖国筹得约合四亿多国币的款项，捐献物资无数。总会还在新加坡和重庆设立制药厂，挽救了许多抗日将士的生命。所有这些，都是他们从牙缝里省出来的，因为当时的海外华侨大多生活在社会最底层。

抗战的生命线滇缅公路建成后，司机和修理工奇缺。陈嘉庚登高一呼，3 000 多名华侨青年挥别亲人，冒着敌人的炮火，日夜不停地抢运军需物资，许多年轻的生命就永远地留在了这条公路上。可以说，没有陈嘉庚和广大华侨，抗战的胜利肯定要推迟。

按照蒋介石的指示精神，国民政府成立了阵容庞大的欢迎委员会，由中央宣传部、财政部、侨委会等 20 多个党政军重要部门组成。在财政极其拮据的情况下，列支了充足的接待资金，其中光宴请费用就达八万元——根据中国物价的相关历史资料推算，当时这笔钱能买 800 头牛！

这样，陈嘉庚在重庆的 60 多天里，正事没时间做，每天被迫在各种宴会中疲于奔命。国民党的高级干部无不以陪陈嘉庚吃饭为荣，美酒佳肴越是高级、越是罕见，越有面子。

但不管什么山珍海味，陈嘉庚一口也咽不下去。他知道钱是怎么来的，大敌当前的中国有多么缺钱。“前方吃紧”、“后方紧吃”，是战时首都大小官员的常态，行政院长孔祥熙在办企业，政府派来为陈嘉庚服务的司机虚开汽油费发票，这些都让陈嘉庚极为反感和痛苦：这样的政府能领导全民共赴国难吗？民族复兴还有希望吗？

陈嘉庚再三恳求就此打住，对方认为这是客气话，不开宴会怎么表达感情？无奈，陈嘉庚不得不空中喊话，连续三天在国民党的机关报刊登罢宴声明，这在全世界也是少见的：

“在此抗战中艰难困苦时期，望政府及民众实践节约，切勿消耗物力！”

重庆让他感到窒息，“绝无一项稍感满意，与抗战艰难时际不甚适合耳！”到滇缅公路看望过他的子弟后，尽管蒋介石不高兴，陈嘉庚还是决定奔赴传说中的延安，看看偌大的中国是否还有净土。

二

1940 年 6 月 1 日晚，毛泽东设宴款待陈嘉庚。

说是宴会，不如说是穷人家惯常的一顿家常饭，没有地毯、鲜花、美酒、刀叉，不拘礼仪，十分寒碜。而且是露天的，地点在毛泽东的窑洞外。餐桌更特别，一张大桌面搭在破旧的小方桌

1940 年，延安军民欢迎陈嘉庚先生的到来。

上。桌面坑坑洼洼，铺了几张旧报纸遮丑。就在宾主相谈甚欢的时候，一阵风把报纸吹得老远，也没人去追。吃的是毛泽东自家菜园子里种的大白菜、豆角，最讲究的也就是每人一碗鸡汤。

实在拿不出什么好东西，毛泽东恳请客人谅解。至于鸡汤，他解释：这是邻居大娘家唯一的一只鸡，正下着蛋呢，她听说我贵客临门，悄悄宰了送来的。

陈嘉庚一听，差点儿落泪。这个山沟里的党的质朴廉洁，官民关系的水乳交融，还有上上下下饱满向上的精神状态，跟重庆的腐朽堕落截然不同，让他眼前一亮。

这天晚上，陈嘉庚悄悄对秘书张楚琨感慨，蒋介石像皇帝，毛泽东像农民，“得天下者，共产党也！”张楚琨后来这样分析：延安之行是陈嘉庚一生的转折点和里程碑。

一回到重庆，精神焕发的陈嘉庚马上召开记者会，直截了当地告诉全国人民：延安让我“如拨云雾见青天”，中国的希望在延安，“为我大中华民族庆幸！”从此与国民党分道扬镳。后来，南洋华侨的捐献源源不绝地流向中共领导下的抗日根据地，其中包括中央领导层使用的福特轿车。

此前，因为国民党是“正统”，又值大敌当前，陈嘉庚一直是坚定的拥蒋派，真心诚意地宣传“蒋委员长乃是中国国内外四万万七千万同胞共同拥戴之唯一领袖”，是民族的救星、中国的未来。

力群 延安（木刻）

陈嘉庚的转变重创了国民党的合法性，蒋介石大为震惊，深感耻辱。他一辈子也想不通：我对他那么好，他为什么打我的脸？为什么去了一趟延安，就变了一个人？共产党到底用什么买通他的？

作为大地主、大资产阶级的代表人物，蒋介石当然不会明白，东拼西凑的一顿农家饭怎会有如此功效，竟让自己的美味珍馐全打了水漂。他更想象不到，共产党一个攻无不克的传家法宝，叫作艰苦奋斗的作风。艰苦奋斗中蕴含着强烈的精神能量，蕴含着人心向背的密码，根本不能用物质的东西来衡量。

千万不要笑话蒋介石。随着时光的流逝，对艰苦奋斗的本质和价值，连我们自己也会模糊不清，不然哪里来的“四风”？

三

第一，艰苦奋斗的作风反映了共产党的本质。

毛泽东说，共产党的作风就是艰苦奋斗，“这是每一个共产党员，每一个革命家的作风”。人民大众看问题非常直观、感性，判断一个政治力量到底是为自己服务，还是为人民服务，他们就看你是奢侈浪费、贪污腐败，还是艰苦朴素、与群众同甘共苦。

从共产党的作风中认识共产党的，何止千万，陈嘉庚只是其中之一。原国家副主席荣毅仁曾含着泪水告诉刘源将军，他过去不了解共产党，还挺怕的。上海解放那天早上，他发现解放军就睡在街道上。他动员战士们到院子里去休息，对方只是为伤员要了一壶热水。荣毅仁心里一下子就明白了：国民党回不来了！

像陈嘉庚一样，许多人也是从国民党腐朽不堪的做派中，对国民党彻底失望的，甚至包括一些很坏的人，比如客死香港的杜月笙。

新中国成立前夕，蒋介石的江湖兄弟杜月笙携全家取道香港，打算去法国定居。但是杜月笙一病不起，根本不可能长途旅行。家人建议就近去台湾，杜月笙直摇头，让女儿去汇丰银行取回一个小箱子，里面装满了借条。在这些借条中，最少的一笔是 5 000 美元，最多的是 500 根金条，债务人统统是国民党的高级干部，个个有头有脸，经常上报纸的！

得人心者得天下，看似一个简单的政治常识，根本不需要什么高深理论阐释。但国民党之所以毫不在乎人民怎么看它，共产党之所以始终心存敬畏，作风清新，差异来自“我是谁”、“为了谁”这个本质问题。本质决定作风，作风就是人心向背，所以“作风问题关系党的生死存亡”。

第二，艰苦奋斗是中华民族的性格特征，也是中国共产党人的价值取向。

中华民族的生存条件在地球上是比较恶劣的，却能生生不息，愈挫愈奋，不断发展壮大，这在世界上独一无二。这是因为在漫长发展历程中，中华民族形成了不畏艰难、勤奋节俭的民族性格，也就是艰苦奋斗精神。

艰苦奋斗精神的本质是“奋斗”，即奋发有为、百折不挠。它让人超越物质的制约，让主观能动性对客观世界产生巨大的反作用，从而不断改造客观世界。可以说，没有这种精神，就没有中华民族的今天和明天，更不要说民族复兴。《周易》所谓“天行健，君子以自强不息”，就是这种精神的写照。

中国共产党的宗旨是全心全意为人民服务，它的政治理想是国家独立、民族复兴、社会进步和人民幸福。这种锐意进取、蓬勃向上的政治追求，完全契合中华民族的精神脉动。所以，艰苦奋斗不但是中华民族的性格特征，也是中国共产党人的价值取向，人民拥护共产党，源于其在民族的沃土中植根至深。共产党是中华民族的先锋队、火车头，中华民族的精神文化是共产党力量的源泉、前进的动力，二者浑然一体，不可分割。

经常有人这样理解艰苦奋斗，多少年重复着一句话：我们国家现在底子薄，不能奢侈浪费。言下之意，过去艰苦奋斗是物质条件逼的，物质丰富之后，艰苦奋斗就不重要了。如果这样理解，就把哲学层面的精神追求和党的浩然正气，贬低为低层次的经费问题。

认识差之毫厘，行动谬以千里。前些年“四风”愈吹愈烈，许多干部的日子越发高端大气上档次，怎么舒服怎么来，工作却得过且过，不在意与人民群众渐行渐远，这跟我们对艰苦奋斗的认识肤浅，关系很大。

陈嘉庚赠送的福特轿车运抵延安后，中办本来准备用作毛泽东的专车，但他坚决要求集体使用，这与物质匮乏不能说毫无关联。但住进中南海里之后，毛泽东的睡衣上一直打着补丁，连泡过的茶叶都要嚼碎吃掉，难道建国之后我们比延安时期还要困难，党的领袖竟穿不起一件好衣服、喝不起一杯好茶？

如果狭隘地认为艰苦奋斗就是贫则俭、富而奢，其实李自成、洪秀全和许多封建皇帝都是这样做的，那共产党的过人之处在哪里？现在中国的GDP已经位列世界第二，不远的将来还会雄踞第一，物质条件早已今非昔比，党中央为何花这么大的精力反腐败纠“四风”呢？为什么要强调教育活动有结束的时候，但“作风建设永远在路上”呢？

第三，艰苦奋斗契合现代政治文明，体现了党的现代性、先进性。

中西文化有许多差异，但都推崇勤俭节制。早在先秦的《尚书》中，中国人就提出“克勤于邦，克俭于家”。几乎所有的西方哲学家都认为，节制是人最大的美德。到了现代社会，克勤克俭的哲学思想由个体推及社会，不但成了政治和政治家的共同戒律，还外化为国际社会的主流政治伦理。

“作风问题是腐败的温床”，而挥霍浪费、贪污腐败消耗的都是民众血汗，民众不可能拥护。所以世界上不论什么性质的政权，无论是真是假、能不能做到，对反腐倡廉这个“政治正确”都不敢怠慢，都乐意占据反腐败这个道德高地，不然就不会有《联合国反腐败公约》。全球总共200多个国家，国家间存在共同政治语言，各国一致认为属于全人类公害的，无非是腐败、犯罪、污染、疾病等少数几件事。

看起来，人们要求政府节约的是财政支出，实际上需要节制的是权力。不受制约的公权力导致腐败和浪费无休无止，与公共利益和人类政治文明格格不入，最终使得执政者失去合法性和统治基础。

重庆的挥金如土，暴露了他们的愚顽落伍、暮气沉沉；延安则主动顺应和引领时代潮流，坚定地站到人民一边，党的青春活力和精神魅力熠熠生辉。两相对照，陈嘉庚和全体中国人民一样，不可能有第二种选择。

2014年10月10日发表于《中国纪检监察报》

贪官人人喊打，巧官无影无形。上有政策、下有对策是明枪，明枪易躲；上有政策、下有“顺策”是暗箭，暗箭难防。顺策造成的危害当时很难看出来，潜伏期又长，到了发作的时候，救都来不及。

巧官曹振镛

顺风顺水的一生

大清可能是史上奇迹最多的王朝。

算上当太上皇的几年，乾隆皇帝实际执政时间超过 63 年，创下了世界纪录。如果一切正常，英国女王伊丽莎白二世在 2015 年才能赶上他。

无独有偶，清朝还有个叫曹振镛的牛人，在中央工作了 54 年，历三朝、相二帝，一路春风，福禄寿俱全：

刚参加工作不久，就是乾隆帝培养的后备干部；受嘉庆帝委托，代理过三个月的皇帝工作，在他的老家安徽省歙县，至今人们仍然会骄傲地念叨“宰相朝朝有，代君三月无”这句谚语；道光帝在位 30 年，曹振镛居相位 15 年，要不是不幸病逝于工作岗位，此公与皇帝任期共始终，绝对不成问题。

当他归天的噩耗传来，道光皇帝难过得茶饭不思，哭哭啼啼地说，你们哪里知道，他贡献大呀！他走了，我可怎么办呀！当场把曹振镛的二公子提拔到副部级,给曹相本人加谥号“文正”。

按照清朝的抚恤制度，“文正”是最高规格的谥号，大概是“学问大、能力强、作风正、立场稳”的意思。据严复统计，有清一代总共有大臣 2 748 名，死后谥“文正”的仅八人（比如延长了清朝寿数的曾国藩），平均比例是 340 ∶ 1，名额实在有限。

生前占尽风流，身后极尽哀荣，曹振镛的贡献到底大到什么程度呢？

其实，无论是当时还是后世，曹振镛都是公认的庸才。《清史稿》中曹振镛传区区 700 余字，跟他的政治地位很不匹配。但作者也没办法，因为传主确实没什么丰功伟绩可写，难怪很多人听都没听过他的名字。

关于曹振镛的“成功之道”，有个年轻干部曾面对面请教过他本人，当时曹老是这样回答的：“其实也没什么，就是多磕头、少说话。”

谁要是相信这句鬼话，那就太天真了。在封建官场上，谁敢不磕头、乱说话？可混到曹振镛这境界的，古来几人？听其言，不如观其行，还是来看看曹振镛是怎么做的吧。

成功是个技术活

道光皇帝即位之初，康乾盛世余威已尽，国运江河日下，国家处于鸦片战争、太平天国起义前夜。财政首现窘境，国库储备仅及乾隆时期的四分之一，这还只是账面数字。而各级官员却普遍失去了国初的浩然之气，个个慵懒萎靡、声色犬马、贪污贿赂，以追逐奢华生活为业，官场乌烟瘴气、腐朽荒唐。对此，当时人留下了不少生动的记录。

在一次官场宴会过程中，有个客人出门上厕所，惊讶地看到好几十头死猪横七竖八躺了一地，就问咋回事。

原来，厨师先将这几十头猪圈起来，拿着棍棒追着打，猪奔跑惨叫不已，最后一头接一头地力竭而死。这时，厨师赶紧在每头猪的脊背正中割取一小片，用这几十片肉做成了猪脯一盘，味道鲜美香脆，无可比拟。厨师还自豪地介绍，这些猪的其余部分毒性很大，不能再食用，所以要统统扔掉的。

满足这类畸形消费的钱从何来？羊毛出在公款和百姓身上。驻节今江苏淮安的南河总督，负责江苏境内的水利工程建设，每年要支取经费数百万两，而用在正处的不到十分之一，其余都花在酒肉笙歌上了。

道光皇帝决心从杜绝奢侈浪费入手，逼迫干部队伍改变作风、振奋精神，以图重现昔日盛世。为此，道光皇帝一上任就做了两件事，一是号召各级政府机构厉行节约；二是召来阅历丰富、人脉广泛的曹振镛，任命他为军机大臣兼武英殿大学士，即实际上的宰相，配合皇帝推行新政。

在开展节约运动的通知《御制声色货利谕》中，道光帝定了三项新政策：节省财政开支，杜绝奢华浪费；停止各省进贡，减轻百姓负担；严控基建规模，严惩工程回扣。

他本人首先以身作则。不做新衣服，经常穿着打补丁的裤子上班；除太后、皇帝、皇后外，不到节庆不吃肉。每人一碗打卤面为皇后祝了寿，买一只旧皮箱嫁了闺女。

对各级官员严加监督和约束。盛京将军被人举报常在家里看戏请客，立即被撤职。反过来，有一次检阅警卫部队，道光帝看到官兵衣着朴素，当场将几位负责人各升一级。

道光皇帝不但廉政，还十分勤政，事必躬亲，夜以继日，对工作不用心、出工不出活的干部尤其厌恶，绝不重用。

曹相上台后，一如既往地保持低调，根本不烧什么“三把火”，只是闭嘴、磕头、旁观。等终于摸清了道光帝的底牌，便循着领导思路，顺水推舟，因势利导，若无其事地跟了三张牌。

这三张牌出得实在精妙，他马上就获得了新君的绝对信任，从而奠定了千古“名”相的稳固基础。

第一张牌是照猫画虎。有一天开早会的时候，道光皇帝打眼看到曹振镛的裤子打了补丁，高兴地跟他打趣：“堂堂宰相也穿破裤子？”

曹振镛从容作答：

“做条新裤子不难，就是太贵了，旧裤子打上补丁跟新的一样，何必浪费呢？”

道光皇帝频频点头，挥笔给宰相题了四个大字：恭俭惟德!

那段时间，曹大人下班后就赶紧往前门外跑，去酒馆饭庄菜市场打听物价，第二天一早好给皇帝送经济情报，顺便再提一两条有关厉行节约的工作建议。宰相在政治上跟自己保持高度一致，皇上自然满意，每天与他相谈甚欢，什么重要事情都一起商量。

官员们都不傻，个个心领神会、心悦诚服，动脑筋想办法，竞相学习曹相的成功经验：上朝不穿没补丁的衣服，穿错了赶紧回家换；散朝不忙着回家，围着宰相继续讨论有关工作如何深入，领导不催三五次不走。

由于曹大人和他的同事们推波助澜，京城第一次出现了违背市场规律的怪现象：破衣烂衫的价格一路飙升，品相稍好的比新的还要贵！有些穷官实在买不起，就创新思路，自己动手，把好好的袍子弄旧弄破，再让老婆在醒目处打块大补丁，活像今天新潮仔裤的做法。

眼见新政开花结果，皇帝对老曹更是离不开，内心无比感激嘉庆爷的高瞻远瞩，正是他老人家为自己预备了一个栋梁之才。

总之曹振镛的这张牌顺势而为，轻松搞定了皇帝。

第二张牌是借刀杀人。不过家家有本难念的经，曹振镛也不例外 。他不怕皇上，就怕云贵总督阮元。

阮元是唯一同曹振镛资历相当的三朝元老，不但人品、文才俱佳，而且政绩斐然：在浙江巡抚、两广总督和云贵总督任上，阮元平海盗、禁鸦片、惩贪腐，打击分裂、垦荒固边，朝野无不折服。与阮元相比，曹振镛完全不在一个档次，所以对阮元一肚子的羡慕嫉妒恨。

道光皇帝既然胸怀复兴大志，迟早会想到阮元、重用阮元，那就后患无穷了。不过呢，皇帝不是重视干部的工作作风吗？老曹自有办法。

果然，有一天在跟曹振镛讨论干部问题时，皇上说道："时间过得真快呀，阮元担任地方主要领导快 30 年了！当初 30 多岁就官居二品，也真是人杰。你熟悉干部情况，觉得这个人怎么样？"

曹振镛马上跟上：

"这个人我了解，可以说是才华横溢，工作能力超强，我是没法跟他比的。"

道光皇帝很有兴趣："那你举个例子。"

曹振镛不紧不慢地介绍：

“云贵地区山高皇帝远，经济落后，民族成分复杂，自古多事，一有事就不是小事，件件涉及边疆稳定、国家安全。在那里当一把手，一般人不要说出政绩，就是不吃不喝不睡觉都忙不过来。可阮大人总能应付裕如，再棘手的问题都能迅速搞定。”

道光皇帝听得直点头。曹振镛接着话锋一转：

“这还不算，还能空出时间吟诗、论文、作画、弹琴，这几年光诗文集就出版了好几种呢，水准很高，洛阳纸贵。现在正是国家用人之际，我看这样的干部可以考虑了。”

道光皇帝听着听着，脸色由晴转阴，恨恨地说：

“要是做诗能把国家做好，那我天天做诗！”

不久，一纸调令把阮元召回北京，安置在一个不咸不淡的位置上发呆，直到退休。

而皇上对宰相的好感却增加了。对阮元那样有硬伤的干部都净说好话，这老曹真是个厚道人！

这张牌因势利导，连根拔除了唯一对手，曹振镛自此高枕无忧，惬意得很。

第三张牌是斩草除根。道光朝初期，一些有志大臣受到新政鼓舞，苦心研究国家大事，热情提出改革建议，一时间各种请示报告纷至沓来。

道光皇帝很受感动，每天批阅材料到深夜，乐此不疲。但时间一长，身体有点儿吃不消了，心里左右为难，却又不好说出口：如果长期这样一字一句地看，哪里应付得了；要是不认真看，又怕漏掉真知灼见，耽误工作。

等皇帝终于累病了，曹振镛不失时机地过来暖人家心窝子：

“现在大家的工作积极性空前高涨，这是国家兴旺发达的好兆头，令人高兴。怕就怕有的人提建议不是为了工作，只是为了愉悦皇上、哄领导开心，为升官发财铺路呢，还是留点儿神为好。”

这可说到皇帝心坎上了，道光帝深有感触，喟然长叹：“那有什么办法呢，皇帝是个苦差事啊。要是大家都出于公心就好了！”

曹相微微一笑：

“我倒有个想法，不知行不行。您不用全看，每天随机抽阅几份材料看看，找出错字、别字、漏字、重字等，用朱笔点出，该批评就批评。您想，您连书写错误都能发现，下边谁还敢造次？这样注水文件就少了，质量自然提高。”

此法果然灵验，皇上不但省力省心，还给大家一个勤于政、敏于事的深刻印象。而大臣们从此“皆矜矜小节，无敢稍纵，语多吉祥，凶灾不敢入告”，轻易不敢下笔，实在要说就说皇上爱听的。

这张牌顺水推舟，使得所有人都噤若寒蝉，而曹振镛从此则一言九鼎，权势冲天。

贪官、懒官与巧官

曹振镛的三张牌都用了一个技巧：上有政策，下有“顺”策！其操作规程看起来并不复杂：先琢磨清楚老板的基本思路，再顺着老板的心思紧跟，而且跟得很到位，甚至还超过预期，然后就静静等着领赏了。

上有政策、下有对策，古已有之，但以“对策”对付政策明显是对着干，风险大，成功率低，是下级与上级博弈的低级形式，一般不难破解。相比之下，上有政策、下有“顺”策隐蔽性强、技术含量高、成功概率大，基本属于稳赚不赔的买卖，是下级对付上级的高端而有效的“技艺”。

古人云“伴君如伴虎”，曹振镛能让连续三任万岁爷满意，能让道光皇帝“恩眷之隆，时无与比”，可见他玩弄这套把戏是多么出类拔萃。这个啥也不干的庸人，只因为读懂了人性的弱点，占尽人间好事，无人望其项背，真叫人摇头叹息，徒呼奈何！

由于封建专制传统源远流长，中国人绝望而无奈，逐渐养成了给官员贴标签的习惯，比如把坏官分成两类：贪官和懒官。但是曹振镛这样的人很难归类，因为他既不像和珅那样贪，也不是啥事不干，天天还忙忙叨叨的。

但是曹文正公的忙，与曾文正公的忙完全不是一回事。曾国藩为了拯救清廷，好几回差点儿把命都搭上，而且积劳成疾，死的时候才 60 岁，搁今天还没退休呢，所以他那个“文正”实在是拿命换来的。

曹振镛一生一世都是为自己忙，忙得很成功，获得的非法利益远非和珅能比，结局与和珅更是不同，——人家是安安稳稳活到 80 岁，比曾国藩还多活 20 年。所以他的“文正”完全是赚来的，而且成本非常低。

这种低成本、高收益的官油子，属于坏官中的第三类：巧官！

巧官也是中国封建官场土壤中的特产，自古以来产量还不低。但是人们在给贪官懒官贴标签的时候，都忘了给巧官贴上一张，可见其何等之巧，巧得不落痕迹！

巧官的“巧”是表现在各个方面的，比如，特别善于打造完美形象，你需要什么他就是什么形象。大家不是讨厌贪官吗？我就把我打造成清官。

有一次，有人举报曹振镛的家属利用他的职务影响力，空手套白狼，没上交几个钱就获得了食盐专卖权，长期大发横财。据说曹振镛立即要求家属：给我统统退出商界，回家种地去！

家属很不理解，说别人家能干，咱宰相家还不能干？

曹振镛微笑着把道理说透：“你们想想，宰相家人不经商就饿死了，哪朝哪代有这种事？”

故事传出来之后，曹振镛赢得了廉洁自律的好名声，皇上还以此教育大家：“你看看人家老曹！”至于家庭私房话是怎么传出去的，皇上显然没琢磨。

曹振镛家不再靠食盐发财，一是因为早已赚足了，二是因为他志不在此。他的远大抱负是永保个人的政治地位和家族荣耀，与经济腐败相比，这种政治上的贪婪和腐败，性质更恶劣，后果更致命。

巧官是政权的克星

曹振镛的荒唐成功，逐渐消解了整个干部队伍对国家的信心、对朝廷的期待，为清王朝的急速下坠踩了油门。

曹振镛总是提醒他的心腹们：千万别意气用事！当时，官场中人大都像曹相一样，苦心钻研如何应付皇帝、如何让领导高兴，对自己没好处的事没人想、没人干，能推就推，能糊弄就糊弄，逐渐造就了一个“不痛不痒“的天下。偶尔出现以天下为己任的好干部，也无出头之日。

龚自珍就是一位忧国忧民的之才，眼看大厦将倾却无用武之地，发出了“我劝天公重抖擞，不拘一格降人才”的悲鸣，反而遭到嫉恨，被迫在48岁的盛年下岗回乡，不到一年竟被活活气死！后来好不容易出了个林则徐，却被曹振镛亲自培养的接班人穆彰阿扣上屎盆子，发配新疆。国家从此再无能臣。

正直的老干部王鼎实在看不下去，又使不上劲，痛不欲生之

道光皇帝午门大阅场景，Thomas Allom、J. B. Allen 刻绘。据介绍，“大阅”是清代的阅兵仪式，至道光时期，午门被检阅的军队，描有龙、虎、猛兽形状的八旗旗号和制服虽看起来威猛，而实际上这支军队毫无战斗力。朝廷已经剩下了一副空架子，被英国人一眼看穿。

下，干脆留下遗书，以自杀来劝谏皇上。

本来曹振镛的党羽都各打各的小算盘，如今却默契地抱成团，集体做局欺骗皇帝，比治国理政的本领高明多了：他们首先控制了王鼎的家属和同党，然后烧了王鼎的遗书，最后郑重地给皇帝打报告说，老王年纪大了，家里遇到不顺心的事，一时想不开就自杀了。可怜王鼎白送一条命，皇帝蒙在鼓里，至死都不知真相。

面对突发事件，把国家利益放到一边，把上级作为“应对”对象，欺上瞒下、不择手段，是巧官的共同表现、本能选择，古今概莫能外。

而大清此刻身处何世？蒸汽机已经问世百年，英国铁路总长度已与今天接近，欧洲工业革命已经完成，西方工业文明的巨舰，正开足马力撞向东方农业社会的小舟，清廷遇到了“3 000 年未有之大变局”，传统中国社会风雨飘摇。如果没有移山填海的大手笔，国家和政权的崩溃毫无悬念。

而恰在此时，大清官场庸才遍地，个个都是曹振镛，没人想担当，没人能担当。以中国之大，从来不缺人才，在这要命的关口却闹起了人才荒，岂非怪事！最典型的是鸦片战争，各级官员先是“互相隐讳，莫敢上闻”，后是手足无措，一退到底，本可打赢的仗打输了。《中英南京条约》——中国历史上第一个不平等条约，就是在这样的背景下签订的。

其实，早在曹振镛被谥“文正”时，就有明白人挖苦说，什么文正，“不文不正”还差不多！还有人填了两阕《一剪梅》，为曹振镛和曹振镛之类的官员，画了一幅惟妙惟肖的肖像：

“仕途钻刺要精工，京信常通，炭敬常丰。莫谈时事逞英雄，一味圆融，一味谦恭。

大臣经济在从容，莫显奇功，莫说精忠，万般人事要朦胧，驳也无庸，议也无庸。”

“八方无事岁岁丰，国运方隆，官运方通，大家襄赞要和衷，好也弥缝，歹也弥缝。

无灾无难到三公，妻受荣封，子荫郎中，流芳后世更无穷，不谥文忠，便谥文恭。”

尽管曹振镛们对民族命运国家前途根本不在乎，但他们的智商如此之高、手段如此之巧，确实难以识破。他们总是装出一副政治最正确、执行最坚决的样子，即使是打击政敌，也只是悄悄挖出一条沟渠，等着领导的决策像流水一样，按照他们的意图流过来，从不蛮干。在他们眼中，虽然你贵为皇帝，也只是一座功名利禄的富矿，不采白不采。什么江山社稷，与我何干！一切姿态、一切口号都是手段。

贪官人人喊打，巧官无影无形。上有政策、下有对策是明枪，明枪易躲；上有政策、下有“顺策”是暗箭，暗箭难防。顺策造成的危害当时很难看出来，潜伏期又长，到了发作的时候，救都来不及。

更绝的是，即使酿成天大的祸事，也追究不到巧官，自有一把手担着。直到好处都归了奸臣，恶名都归了皇帝，这类游戏才算结束，这是老曹们的高明之处，也是封建政治的吊诡和宿命，皇帝们泉下有知，不知作何感想。

这不，现在大家都痛骂道光皇帝丧权辱国，这当然不冤。但是，有人想过曹振镛之流的“功劳”吗？另外，假如你遇到了曹振镛这样的下级，你有足够的智慧制住他吗？也许，巧官就在眼前，可是你永远看不见。

2013年5月30日发表于《中国纪检监察报》

中国封建社会足够长久，客观存在在人们内心深处一再强化这样的意识：无官不贪腐，无贿不成事。于是，人们在下意识里对腐败行为进行了非罪化，最终成为中国人文化基因的一部分。

思想意识是上层建筑中最顽固的东西。封建制度在中国的终结只有一百余年，而要涤荡2 000多年的思想污垢、铲除代代相承的文化基因，百十余年显然太短。人们下意识里隐藏着的错误价值观，正是我国现阶段腐败行为易发多发的第一顺位、也是最深层次的原因；在惩治和预防腐败体系尚待健全的条件下，尤其如此。

笨拙的行贿

李鸿章有句名言：一个人如果连官都不会当，那就太笨了。他的意思是，大清官场是贪腐的乐园，破坏法制一点儿不费脑子。同理，大清臣民如果连行贿都不会，送去的东西领导竟然不要，那只能怪智商有问题，会让人笑话的。在清朝267年历史上，这种搞笑事件有过两回，鲁迅先生的祖父周福清、军机大臣毕沅涉案，意外地给后世留下了一道国民心理测试题。

一

1893年除夕，中央政府的处级干部周福清接到电报，他的老

清 任薰 窦燕山教子图

母亲去世了。周福清急忙赶回绍兴办后事，然后安安静静在家守孝。这天，有几个亲戚来看望他。

原来，这年秋天全国要举行乡试，据他们打听，浙江乡试的主考官是殷如璋，周福清的老同学。亲戚们苦苦哀求，说这些年我们都看透了，有本事的人成绩不好也能上，我们的孩子个个出类拔萃，却总是名落孙山。家族里就出了你这个京官，为了孩子们的前途，只好来麻烦你了！然后拿出一张一万两银子的现金支票，说这是我们几家凑的，事成之后还有重谢。

周福清自己也是官运坎坷。好不容易中了进士，派到江西金溪县当了县令，不久因为给领导提意见丢了官。回京后待业整整九年，咬牙借了一大笔钱送上，才得到现在这个打杂的工作，但是人也老了。他的儿子周用吉（鲁迅先生的父亲）是个老秀才，屡试不第，周家眼看就没指望了。既有必要，又有条件，周福清决定抓住这个机遇。

按照政府的规定，各省的主考不得提前到达工作地区，避免留下打通关节的时间。但殷如璋的船刚到苏州，周家的仆人阿福早已等在了苏州码头。在没有电话、手机、高速路的时代，周福清同殷如璋是如何沟通的，至今是个谜。

阿福顺利上了船，恭恭敬敬地把周福清的亲笔信送到了殷如璋手上。副主考和苏州知府正在陪领导聊天，殷如璋接了信，若无其事地往茶几上一搁，向阿福挥一下手，继续谈笑风生。

本来计划已经圆满完成，可阿福走了好远突然开始思考：殷大人聊得那样高兴，要是忘了看信怎么办？要是这封信落到别人手里怎么办？阿福越想越不踏实，最后果断折回头，站在岸边大声叫喊：

“殷大人，您一定要亲自看信呀，里面有好东西！”

殷如璋应变能力非凡，毫不犹豫地把信件推到副考官和苏州知府面前，算是举报，轻松地跟请托人做了切割。结果是，周福清被判死缓，从此家道中落；支票罚没，相关考生永远禁考。

同阿福一样搞笑的人，生活在阿福的太爷爷时代。

乾隆五十五年（1790 年），时任陕西巡抚的毕沅过 60 大寿。毕沅工作认真，爱好高雅，工资收入大都投到古玩字画上。早在生日的前一个月，他就向全省发了一个通知：拒收寿礼，违者严惩。属下不敢顶风违纪，社会反应十分良好。

突然有一天，有个姓王的小伙子推了一车东西来，说是某县令派来的。毕沅十分生气，责问来人：“大胆！没看通知吗？”

小王笑嘻嘻地说：“老爷误会了，我不是来送礼的。”

毕沅扯开外包装一看，古砖 20 块！厉声问：“啥意思？”

小王不慌不忙地说：“这两天俺那里下大雨，把老城门给冲垮了，碎砖破瓦一大堆，老百姓都拿回家盖猪圈。俺家老爷说了，巡抚大人学问高，不如拿几块请他老人家给鉴别一下，能废物利用最好，没用就扔掉。”

毕沅赶紧低头上手，一琢磨不得了：纹饰斑驳陆离，题识依稀可见，居然是秦砖！于是大喜：

“抱歉抱歉，我误会你家主人了。工作那样忙还留心学问，值得提倡。现在有些干部俗不可耐，只会吃吃喝喝混日子，真没出息！几块烂砖头不算礼物，放这儿吧。”

临别，毕沅还亲切地叮嘱小王：“请代我向你家主人问好，让他好好干！”

巡抚大人如此态度，让小王得意忘形起来，像100年后的阿福一样，他也多了一句嘴：

“我家主人好啊，为了给大人祝寿，高薪聘请了能工巧匠，在办公室旁挖窑烧砖，足足烧了大半年，挑了最好的让俺送来，嘿嘿。”

巡抚大人一听，忍不住“哈哈大笑”。

二

同毕沅一样，今天我们读到阿福和小王的故事，也会觉得可笑；与毕沅不同的是，许多人除了觉得可笑，还觉得可惜，心里会不自觉地寻思：你说这俩小子咋这样笨呢！要不是他们画蛇添足，鲁迅家的事情不就办成了吗？可怜的县令也不至于白费功夫。用人不当会坏事，教训啊！

当我们这样想的时候，实际上已把自己转换成了周福清和县令，所以对他们的功亏一篑，给予了深深的同情。假如他们是杀人、纵火、强奸未遂，我们会同情吗？这意味着，在下意识里，我们对腐败行为是认可的；一旦需要这样做，我们头脑里首先出现的不是是非观念，而是功利意识；一旦挫败，不但不自省，反而会感到委屈、不平和自卑，以弱者自居。下意识暴露了一个令人尴尬的真相：我们平时对腐败行为的深恶痛绝，很大程度上是针对别人的，是对别人拥有腐败机会和能力的嫉妒，跟道德判断关系不大。

心理学认为，下意识是人类不自觉的行为趋向，是人在长期生活中获得的经验和暗示在心理、本能和客观行为上的反映。如果人们认识它、掌握它，它就是天使，否则它就是魔鬼。那么，这种黑白颠倒的下意识从何而来呢？

腐败是封建社会的本质特征，在中国，它伴随着封建社会的发生、发展和成熟而不断泛滥。从官员晋升到民事诉讼，在社会生活的一切领域都要进行寻租和贿赂，否则社会就不能正常运转。中国封建社会足够长久，客观存在在人们内心深处一再强化这样的意识：无官不贪腐，无贿不成事。于是，人们在下意识里对腐败行为进行了非罪化，最终成为中国人文化基因的一部分。

思想意识是上层建筑中最顽固的东西。封建制度在中国的终结只有100余年，而要涤荡2 000多年的思想污垢、铲除代代相承的文化基因，时间显然太短。人们下意识里隐藏着的错误价值观，正是我国现阶段腐败行为易发多发的第一顺位、也是最深层次的原因；在惩治和预防腐败体系尚待健全的条件下，尤其如此。

根据我国惩防体系建设的目标，我们不但要完善制度、强化监督、深化改革，不断压缩官员寻租行为空间，逐步去除滋生腐败的外在条件，还要通过对个体的思想教育，树立正常是非观念，修复不良遗传基因，彻底消除产生腐败的内在根据，在灵魂深处建立起拒腐防变的根基。因此，探究历史典故所引发的下意识心理反应，持续开展廉政文化建设，具有明确的靶向意义和严肃的科学价值。

2013年9月25日发表于《中国纪检监察报》

作风是一个变量，作风建设作为党的建设的永恒主题，不但要始终不渝地坚持，必要时还须下猛药。

只有牢记理想宗旨，心系国家人民，彻底扫除作风上的污垢，才能精神饱满、意气风发，延续昨日的光荣。

作风建设与历史周期律

——癸酉 200 年祭

一

一想起 1813 年秋天那件事，嘉庆皇帝就感到窝囊：他差一点儿就当了大清的末代君主，并且，各级官员早就知道要出事，却都像请客一样，把问题迎进了紫禁城。

1812 年一个宁静的仲夏夜，台湾知府汪楠，被淡水同知查廷华扰了美梦。

原来，查廷华他们抓了一个传教的人，此人不吃打，供出了一个惊人情报：明年中秋节，天理教徒要攻打紫禁城，目标是干掉嘉庆皇帝，建立新王朝。头子叫林清，突击队长名叫祝现……

汪楠稍作思考说：

“犯人为了保命，什么胡话都会说。你知道谎报的后果吗？快把那家伙宰了，免得出去瞎说，给我们惹事。”

1813 年初夏的一天，豫亲王裕丰的管家祝现有事请假，祝现的堂弟祝富庆偷偷来访，一是举报自己的堂兄谋反，二是举报林清在宣武门租房子卖鹌鹑，其实是在打造枪械。

毕竟是皇室宗亲，豫亲王一听就跳了起来：

“有这事？我这就进宫禀报！”

仆人备好了轿子，豫亲王却摆了摆手，沉吟半晌，低声劝导举报人：

“做事要动脑子啊！谋反是灭九族的大罪，你想害整个祝氏家族吗？此事到此为止，千万别再提了。”

8 月以来，京城卫戍司令吉伦将军连续接报，说天理教徒很快就要攻打皇宫。吉伦十分淡定：

“紫禁城内又不归我管，我操这个闲心干啥？我九门提督的职责范围是九个城门，加强巡逻就是了。”

9 月底，嘉庆帝结束休假，离开木兰围场回京，下一站行在是蓟县的白涧。为大老板服务的机会来了，吉伦立即率大队人马前往迎驾。

刚上路，一个参谋骑快马狂追上来，气喘吁吁地报告：不好了，不好了，天理教徒混进城了，请大人即刻处理！

吉伦火了：

“你们有完没完？想立功受奖想疯了？滚开滚开！”

参谋不依不饶，一把拽住吉伦的马缰绳，苦苦哀求：“大人……大人！您真的不能走啊，要出大事啊！”

吉伦大为恼火：

“我大清正是太平盛世，国泰民安，天下归心，你竟敢造谣惑众，等我办完大事再来收拾你！”说罢，一脚踢翻可怜的参谋，拨马呼啸而去。

10月7日中午，兵部尚书兼顺天府尹刘镮之，正与客人觥筹交错。宛平县令和卢沟桥巡检破门而入，附耳低语：昨夜、今晨，家住宋家庄的林清等人，骗过岗哨，经卢沟桥进了城，明天午后攻打皇宫，情况十万火急！

刘镮之早已进入酒酣耳热状态，哈哈大笑起来：

“幼稚、幼稚！你以为吉伦大人的部队是聋子的耳朵？皇帝老子家是大栅栏，谁想进就能进？别没事找事了，陪我喝酒。”

第二天，1813年10月8日下午3时整，天理教徒200余人装扮成卖柿子的、送货的，以迅雷不及掩耳之势，由东华门、西华门攻入皇宫。两天一夜之间，皇帝家中刀光剑影，箭矢乱飞。警卫部队惊慌失措，死伤过百，假如外援及时跟进，林清他们肯

《钦定平定教匪纪略》中嘉庆对癸酉之变事件中王公贵族、文武大臣的悠忽度日、怠玩欺瞒表示痛心疾首。

清 林清像

癸酉之变过去整整 200 多年了。直到今天，当年射出的一支箭镞，还深深地嵌插在故宫隆宗门的牌匾上，静静地讲述着那个惊心动魄的故事。

定会把大清皇宫连锅端！

凑巧，嘉庆帝的二儿子，也就是后来的道光皇帝，平时最爱摆弄冷兵器时代最吓人的玩意儿——火枪，这次派上了用场。几声枪响，竟然稳住了军心，逆转了形势。在禁军的围剿下，天理教徒寡不敌众，起义失败。

而远在河南滑县的另一支天理教队伍，稍早前已经起义，剑指北京。清政府用尽九牛二虎之力，耗时三个月，才勉强平息事态。

这件事发生于夏历癸酉年，史称“癸酉之变”，是清朝由盛转衰过程中的标志性事件，是大清重复历史周期律的不祥之兆。

二

“从来未有事，竟出大清朝！”嘉庆皇帝如此表达了他的震惊和愤懑。他发明了“因循疲玩”这个新词，指责汪楠等人不负责任，言下之意，如果他们干活稍微认真点儿，灾祸是完全可以避免的，至少不会闹这么大。

嘉庆皇帝想错了。触发癸酉之变的，不单是个别人的工作作风问题，而是整个官场出了问题。

清朝的吏治腐败很有特点：官员们除了“贪”，还特别“懒”，没人想做事，讨厌担责任，整天无精打采，敷衍了事。从乾隆中期开始，官场就如一潭死水，不作为是主旋律，国家统治机器锈蚀得无法运转，社会治理问题按下葫芦起来瓢。

人人麻木不仁，个个“炸雷都打不醒”，根子在于官员追求狭隘的人生目标：升官发财！目标明确了，办法就有了。

一是不犯错误才能升官。“多磕头，少说话！”三朝元老曹振镛的名言，诠释了官场成功秘诀：做事越多，错误越多，不干活最保险。所以大家遇到事情习惯绕道走，踢皮球，把犯错误的机会留给别人。汪楠杀人灭口，无非是怕给自己惹麻烦。

白莲教起义失败后，林清等人利用大饥荒，在华北农村轰轰烈烈地传播天理教。早在起事八年前，他就制定了先占皇宫、再取全国的奇特战略。“要想白面贱，除非林清坐大殿”，如此直白的民谣家喻户晓，而在中国历史上，民谣一贯具有政治风向标的意义。林清完全没有保密意识，他们的一举一动在社会上是尽人皆知。对此，官员们个个睁一眼闭一眼，假装不知道。

二是上司满意才能升官。在清朝官场，官运不靠业绩靠上司。大大的事吉伦都不用心，唯独接驾很积极，就是这个道理。

把“唯上”发挥到了极致的，是咸丰帝的军机大臣王文韶，人称“溜溜球”。每当需要表态的时候，他的听力就急剧下降；事情如果足够大，干脆就彻底聋了。他是故意让领导说了算。

对于躲不掉、踢不走的皮球，官员们就稍稍糊弄一下，一旦领导追究起来，比较好解释。天理教徒都进了城里，吉伦的应对措施还是“加强巡逻”，显然是做样子、走形式。

某天，嘉庆皇帝咨询刘墉：“你看某某人当知府怎么样？”刘墉支支吾吾了老半天，末了就挤出两个字：“尚可。”嘉庆帝苦笑说：这么大的官也在混日子，工作根本不用心，怎么得了！

官员们如此唯唯诺诺，真是又安全、又省劲；不但把责任推给了上司，上司还高兴，何乐而不为？

三是报喜不报忧才能升官。豫亲王为什么突然改变主意？头年去京南游玩，他通过祝现认识了林清，受到热情接待，酒喝多了，就住林家大院了，临走还没少拿。要是皇上知道了，一切都完了！于是，国家利益自然让位给个人利益。对这种现象，费正清分析得入木三分：报喜不报忧符合清朝官员的利益。

同豫亲王一样，在洪秀全起义之初，地方官也是使劲捂盖子，巴不得长毛快去别人地盘上闹。直到太平军攻克了十几座城池，朝廷才知道出了大麻烦。

魏源这样概括大清官场风气：“不担责任是成熟稳重，会踢皮球是聪明智慧，得过且过是办事得体！”至于“修身齐家治国平天下”的传统价值观，谁信谁弱智。

正当整个官场鼾声一片时，国情和世情发生了巨大变化，清朝进入加速下坠通道，灾祸接踵而至，且无不带有癸酉之变的影子：第一次鸦片战争，英国军队只有 4 000 人，根本没打算赢；太平军成气候，源于地方官帮忙；大清的海军吨位号称亚洲第一，却迎来甲午惨败；北京守城正规军达 15 万之众，被不到二万人的八国联军轻松拿下；甚至连辛亥革命枪响，仅是士兵无意中走火……

完全可以说，早在癸酉之变时期，清朝深陷历史周期律的命运已经注定；帝国大厦由摇晃走向垮塌，癸酉之变只是第一步——费正清找到了原因：官员们都在坐等出事！

三

癸酉之变已经过去 200 年了。当年一支飞舞的箭镞，至今还深嵌在故宫隆宗门的牌匾上，好像仍在回味着那惊心动魄的一幕。

王岐山同志最近指出："学历史最重要的是联系实际。"（来源于中央纪委监察部网站的新闻报道《忘记过去就意味着背叛　王岐山瞻仰中央监察委员会旧址》——编者注）

无论是政权性质，还是立国宗旨，清朝与共产党没有可比性。但是，任何政权的正常运转和执政目标的实现，都有赖于广大公务人员的动员组织；公务人员的思想境界、精神状态和工作能力、工作作风，直接影响施政质量和效果，关系政权的兴衰成败。

党的十八大以来，党中央进行了两大意义深远的战略部署，深得党心民心：一是绘制了中国梦的绚丽蓝图，制定了改革发展时间表和路线图；二是开展作风建设大扫除，正风肃纪，扶正祛邪。

这两大战略部署齐头并进，蕴含了严密的逻辑联系、深远的战略意图。

优良作风是事业成功的保证，这是我们党的一条基本经验。当年，无论是斯诺、史沫特莱，还是陈嘉庚、黄炎培，在目睹了根据地军民的勃勃生气后，一致认定“延安作风”必胜，“西安作风”必败，中国的希望在共产党。90多年来，我们党始终把党的作风视作生命，把不良作风视为大敌，终于由小变大，由弱变强，成为历史前进的引领者。这是何等宝贵的政治经验和精神财富！

作风是一个变量，作风建设作为党的建设的永恒主题，不但要始终不渝地坚持，必要时还须下猛药。在党带领人民开始新的长征的关键时刻，“四大考验”和“四大危险”横亘在我们的面前。只有牢记理想宗旨，心系国家人民，彻底扫除作风上的污垢，才能精神饱满、意气风发，延续昨日的光荣。

为此，以习近平同志为首的党中央坚持党要管党、从严治党，以改进工作作风、密切联系群众的八项规定发端，以党的群众路线教育实践活动跟进，定点清除形式主义、官僚主义、享乐主义、奢靡之风及其背后的深层次问题，触动和净化了广大党员干部的灵魂，干部作风和精神风貌焕然一新，人民群众坚决拥护。

作风体现党的性质，代表党的形象，关乎党和国家事业的兴衰成败，最终决定我们能否走出历史周期律的怪圈。新一届党中央开展的，就是这样一项意义深远的伟大工程，在中华民族复兴历史上，将会浓墨重彩地记录这一页！

历史终将证明，一代一代共产党人总是与人民群众同呼吸、共命运，一切为了人民，全无一己之私，取得了革命和建设的伟大胜利，完成了民族复兴的历史使命，也开辟了长期执政的成功道路。

2013年12月24日发表于《中国纪检监察报》

官员的作风问题和官场的风气问题，不但会导向腐败，还必然导致精神的垮塌。无论对于个人还是国家，这都是致命的。

将军的烟瘾

一

如果慈禧邀请谁一起看戏，那他的好运就来了。可是，当幸运之神降临的时候，陕西提督雷正绾仅仅激动了两分钟，便陷入了漫长的苦恼，竟然愁得失眠。

要不是充分肯定一个干部，老佛爷怎会给他这么大的荣誉？再说，戏场的氛围那么轻松愉快，不管你官多大、部门多重要，谁也不会像在办公室里那样板着面孔摆谱，所以这也是公关套磁的最佳时机。人人求之不得的好事，雷正绾到底犹豫啥？

说起来简直可笑，原来，同帝国的许多官员一样，雷正绾也是个瘾君子，烟瘾之大，到了烟枪不离手的程度。只要离开鸦片一会儿，他就鼻涕与眼泪齐飞，浑身瘫软无力，什么事也干不了。身为陕甘军区的总司令，雷将军即使在剿匪前线正打着仗，只要烟瘾一犯，立刻宣布收兵。我的地盘我做主，过了瘾再说。

要命的是，宫里有宫里的规矩，不可能照顾雷正绾的生活习惯。演出时长是每回六小时，中间不休息，只是每小时送一回茶而已，这是百年传统。因此自打接到老佛爷的请柬，而且要连看三天，雷将军就成了中国版的哈姆雷特，思想斗争异常激烈，口中念念有词：去，还是不去，这是个问题！

去吧，作为离开大烟就没法活的资深烟枪，三天端坐 18 个小时之久，可怎么熬过来？大家都在欣赏高雅的国粹，这边却坐立不安，一把鼻涕一把泪，成何体统？身为堂堂从一品高干，与总督平起平坐，全国加起来有多少？真丢不起这个人呀！

不去吧，老佛爷是当今朝廷实际上的一把手，如果给脸不要，不要说进步了，就是眼前的荣华富贵能否保住，都是个问题。

去吧，就怕小命要完！自从英夷用黑乎乎的鸦片撬开国门，逼迫天朝签订了《中英南京条约》，大清一下子成了穷国、病国，朝廷不得不加大禁烟力度，高级干部吸食鸦片，不仅仅是生活作

"禁烟英雄"、"民族英雄" 林则徐画像

风问题，首先是政治问题。当年道光爷颁布的《钦定严禁鸦片烟条例》，明确规定官员违犯比照百姓罪加一等。庆亲王被逼急了，躲到庙里去吸两口，立马被褫夺亲王称号，逐出皇室。一个汉人将军竟敢顶风作案？

道光帝的那个重要文件以及许多案例，每个官员入职的时候就学习了，知法犯法还了得？在自己的领地上，随便怎么干都没人敢龇牙，如今在庄严的皇宫里，众目睽睽之下，烟瘾一犯，所有人立即就明白是怎么回事了，这不是自投罗网找死吗？

对于一个军人来说，如果这个破绽被发现，下场肯定比地方干部惨。两次鸦片战争之后，列强尝到了甜头，四面环伺，蠢蠢欲动，朝廷重视海防胜过陆防。这次召俺进京，据说有充实到黄海渤海前线的考虑。可是，正在等待谈话、还没上任呢，却暴露了大烟鬼的真面目！

作为左宗棠的老部下，据说还是一个忠心耿耿、骁勇善战的高级将领，原来是个阳奉阴违、带头破坏法纪的小人，一个不拿钢枪拿烟枪的废物，这支军队还能指望吗？这个人还能留吗？想到这里，雷将军不禁打了个哆嗦。

谁有锦囊妙计，既让俺规避风险，又不让老佛爷有看法？花多少钱都愿意！

秘书都是聪明人，看到领导不吃不喝不出房间，轻声道：

“现在官场上谁不吸两口？遇到这种麻烦的肯定不止您一个。

要不，我出去了解一下情况？”

秘书终于回来了，对老板耳语了一番：“我有个朋友在里面当太监，这人真是神通广大，他说……”

雷正绾听罢，腾地跳了起来，吼道：

“什么？他拿我当冤大头？”

秘书很冷静：“您别生气，凡是能用钱解决的都是小问题，钱没了还会有。如果捧着钱没人接，那就真麻烦了。”

雷正绾在房间里转了几圈，思想就通了：

“对，钱没了还会有！”

二

演出开始了。

虽是第一次出席如此高端的活动，雷正绾却没有半点儿好奇，直到确认老佛爷本人并不到场，他那颗忐忑不安的心才稍微稳一点儿。开场个把小时，随着服务太监送上茶来，雷正绾两眼突然放光起来，兴奋地坐得笔直。

雷正绾发现，王公大臣们居然像约好了一样，纷纷吞云吐雾，就像在自家客厅一样自如。他们那副习以为常的样子，似乎不是在违法乱纪做丢人的事，而是在嗑瓜子。

原来上面一再重申的那些规矩，在这里啥也不是啊！雷正绾悬着的心彻底放了下来，感觉好极了，演员们的演出也显得精彩了。唯一不好意思的是，自己远在西北工作，见识少、胆子小，跟人家相比，真是土得掉渣！

正寻思着，烟瘾迅猛来袭，情况刻不容缓。我的烟呢？我的烟呢？于是口水、鼻涕、眼泪都来报到，身子歪斜得快坐不住了，禁不住左顾右盼起来。

“老爷，您的茶！”

一个笑眯眯的小太监及时出现，谦恭地给雷正绾送上茶来，顺手放下三枚烟泡。每过一个小时，笑眯眯的小太监就过来一回，一个晚上来了六回。

原以为异常痛苦的三天，就这样轻松愉快地度过了。

当然，世界上没有免费的烟泡。小太监每送一次记账 1 000 两，三天送了 18 次，总计 18 000 两白银！离京之前，雷正绾通过秘书，痛快地一次性付清了债务。

根据民事档案，当时只要花 20 两银子，就能买到北京内城黄金地段的一间大瓦房。雷将军的这笔享乐费用，足以买下北京的一条街，而且，我们还不知道他在京期间的其他开支。

那些看起来不合常理的事情，其实都有合理原因，只是你没发现。按照大清的工资标准，雷正绾的年薪也就 500 两。这就意味着，他必须不吃不喝不养家整整 36 年，才能买得起这三天的烟泡。如果他足够幸运，再应邀进宫看两回戏，总共就要花掉 100

多年的全部工资收入，简直不可思议。如果不是外财巨大并且来得容易，谁能这样潇洒大方？

尽管事情离谱，但是既然买主本人满意，卖家一本万利，秘书作为可靠的中介也少不了回扣，再加上有头有脸的人都是这样解决问题的，所以根本没人在意这种小事，如同没发生一样。至于这个政权因此受到的伤害，跟他们何干？

三

据说，雷将军这次看戏的时间是 1880 年，距离鸦片战争爆发 40 年了。鸦片战争使中国人民头上的大山从一座增加到三座，大清也随之进入倒计时。清政府为了救自己的命，在禁止鸦片进口的同时，试图用严格的法律制度约束各级官员，因为如果官员不带头，一切都是白扯。

可是，这项国策实施那么久，鸦片反而蔓延到了社会各阶层。对中华的这个“新民俗”，各级官员的“带头”作用功不可没。有人统计，鸦片战争前偷偷吸食的官员有 20%左右。战后，朝廷这边下决心狠刹歪风，那边沾染毒瘾的官员数量不降反升。“鸦片盛行，官署上下几于无人不食，公门之中，几成烟窟。”还有人用数字入诗写道：“一进二三堂，床铺四五张，烟灯六七盏，八九十枝枪！”

官风溃烂至此，国家机器就转不动了。河南有个姓文的知府，烟瘾比雷正绾还要重，居然长期不上班，关起门来当神仙。这类人如此之多，自然而然就结成了烟鬼同盟，互相打着掩护。初期，上面真被蒙在鼓里，等发现官场已经找不到洁身自好的人了，一切已经太晚：得罪一个就是得罪一万个，还不如装聋作哑，随他去了。

绥靖政策顺应了官心，地位越高顾忌越少，看戏时发生的灯下黑丑闻，就是明证。慈禧的生活秘书李莲英就是个瘾君子，慈禧不可能不知道。后来八国联军进京，慈禧的亲弟弟、现代化神机营的司令桂祥将军，随老姐匆忙西逃，一时竟忘了鸦片这回事。有一天，他的一个同事开玩笑说，看来不吸也能过。桂祥的烟瘾一下子被勾了起来，当场休克倒地不起，直到手下找来一个烟泡。这是慈禧亲眼所见。

当然，朝廷总能得到好消息，要多少有多少。但细心的英国人却有现场记录，而且比较详细：缉私官员登上外轮之后，首先严肃地宣读国家禁烟法令，船长则谦恭地保证尊重帝国法律。公事毕，官员进入船长的卧室收取保护费，通常是走私额的2%。最后，官员还会带走三两箱鸦片，为的是向上请功，两头得利。

总之国家越是禁烟，官员越是滋润。朝廷却一直迷惑不解：奖金也发了，干部也提了，怎么进来的鸦片越来越多呢？

眼看局势失控，有人便献上一条颇具新意的对策："师夷长技"，利用市场的力量解决问题，鼓励群众种大烟。"土烟"成本低，价格便宜，"洋烟"自然就完了。可是，官场诸君个个都嫌土烟不够档次，宁愿出高价也要消费洋烟。结果，洋烟的价格更高了，走私更厉害了，而土烟则砸在烟农手里。没办法，在这个古老的国度里，舶来的任何"长技"都会变成"短技"，只能让事情变得更糟。

朝廷命官集体与朝廷对着干，大清的禁烟政策就完全破产了。羊毛出在羊身上，官员的巨额烟费统统转嫁到百姓身上。于是腐败无可救药，人民陷入绝对贫困化，官民关系坏到极点，野火遍地燃烧。

最可怕的是，鸦片摧毁了全民族的健康，包括精神的和肉体的。老百姓如此，各级官员享受得多，更是精神萎靡、弱不禁风，"东亚病夫"的绰号由此得之。

至于军队，林则徐有言在先：如果坐视不管，将来无兵可用了！今天再看晚清军政官员的老照片，终于明白为什么他们的目光是那样暗淡，神情是那样呆滞，个个病恹恹的。也终于明白，为什么当时世界上最庞大的一支常备军，在对外战争中没打过一次胜仗。

也曾有浪漫史家说，如果当初把区区几千英军放进来，打一场人民战争，事情不至于不可收拾。岂不知，官员吸食的不是鸦片，而是民众的血肉，为了避免两面受敌，朝廷哪敢发动群众?

就在雷将军高价看戏之后的第14年，尽管中国是国民生产总值占世界10%的经济大国，尽管舰队吨位号称亚洲第一，大清海军却悉数葬身黄海，这就是甲午海战。其实，这根本不是“战败”，而是未战先败、战不战一样败！“落后就要挨打”，而腐败必然落后，是我们必须汲取的教训。

同时，人是要有点儿精神的，国家也如此。与人的精神相比，GDP高低、武器优劣并不如想的那么关键。作为将军的雷正绾看过演出不久，就因每战必败而被开除公职，可见官员的作风问题和官场的风气问题，不但会导向腐败，还必然导致精神的垮塌。无论对于个人还是国家，这都是致命的。

习近平总书记在中共中央政治局第十六次集体学习上讲话，指出“党的作风就是党的形象，关系人心向背，关系党的生死存亡”。总书记的论断必是有感而发，不能再重。2014年恰逢甲午战争120周年，在触摸中国人心灵上最深伤口的时候，回想前些年，饕餮斗酒、奢侈享乐竟是不少党员干部的重要生活方式，兴味之浓不输雷大将军的烟瘾，风气之盛以至没有一点儿负罪感，不禁令人一身冷汗！

目前，党中央在严惩腐败的同时，正在对党风进行一次全面彻底的大扫除，这是民族复兴的必要前奏。在党中央的重锤之下，“四风”在退场，正气在上升，忧患意识逐渐苏醒，一个良好的从政环境和政治生态正在形成，这是值得庆幸的。

2014年7月8日发表于《中国纪检监察报》

没有天朗气清的从政环境，中国梦就会落空；没有每个人的自觉行动，再好的政治生态也难以持久。今天，一切崭新的气象都在发出清晰的提示：这一代公务人员建功立业的机遇、背景、环境、条件万事俱备，剩下的就是自己怎么做了。

吴江县令的从政环境

一

康熙二十三年（公元1684年）腊月的一天，新任江苏巡抚汤斌通知吴江县令郭琇，马上来省城谈话。

自打到苏州就任，汤斌就被上访群众弄得寝食难安，访民反映郭县令及其手下向农民乱摊派、向商家乱伸手。吴江一地的税赋抵得上中西部百十个县，群众生活本来不错，现在他这样瞎搞，是要逼老百姓造反吗？

汤斌绰号“豆腐汤”，全家常年靠青菜豆腐填肚子，对百姓心存敬畏。康熙帝临别时告诫说，把你外放江苏，因为那里是国家的钱袋子，责任重大。汤斌决定抓这个反面典型。

贪官污吏都是不见棺材不掉泪的主儿，面对审查不是百般抵赖，就是赌咒发誓，于是汤斌就给郭琇来了个下马威：

“根据群众举报，你廉政方面存在问题。希望你实话实说，不要表演。”

郭琇的回答出乎意料：

“群众反映的都是事实，没一句假话。”

说罢，郭琇从怀中掏出一个小本子，每一笔“收入”记得清清楚楚。但是最后却来了这么一句：

“不过，我自己一文没花。”

汤斌问：“那钱呢？”

郭琇回答：“都进贡给余国柱余大人了！”

汤斌心中一惊。今年江苏一把手变动了三回：年初，余国柱荣升大学士兼吏部尚书，之后王新命才干几个月，就去当两江总督了，汤斌接的是王新命的职位，感觉跟接替余国柱差不多。

郭琇继续交代：

“余大人在任四年，不停地向我要钱，不给就拍桌子。我小小县令年薪 45 两，拆房子卖地也不够。我先是到处借债，最后没人借了，只得昧着良心坑百姓。比如说赋税吧，按规定应该收一两的，我加征到三两、四两，余大人再不走，加到五两、六两也打不住。”

汤斌指着他的鼻子：“你为了升官不顾百姓死活，理由还挺充分！”

郭琇差点儿哭出来：

“我真不是为了升官，只求保住现在这个位子，能给老百姓做点儿事，心里好受点儿。我把握的尺度是既不能丢官，又不能激起群体性事件，好累好累！”

从账本上看，确实每一笔都不算吓人，怪不得余国柱不满意。

对于账本，郭琇解释道：

“我知道您眼里不揉沙子，早把罪证备好了。我为虎作伥，坐牢砍头罪有应得，也算解脱了。”说罢抬起胳膊，作束手就擒状。

郭琇虽然做了亏心事，但还算良心未泯；如果继续深究，必然牵涉到余国柱，而余国柱呢，又是当今一号权臣明珠的哥儿们，事情就复杂了。于是，汤斌问：

“你口口声声‘百姓’、‘百姓’的，百姓却在骂你！我给你一个机会，你能让百姓不骂你吗？”

郭琇放下双臂，正色道：

“只要您不是余国柱那样的领导，我不但要洗心革面，还能把吴江治理成模范县。”

汤斌说：“那好吧，你的事我暂且压着不报。如果你言行不一，新账老账一起算！”

二

一回到单位，郭琇就把大小干部统统召集起来，领着大家一起大扫除。天还没黑，县衙已是焕然一新，多年的污垢一扫而空。

紧接着，郭琇把地方士绅请来开会，发表了他从政以来最简短的讲话：

“各位父老乡亲，吴江老县衙没有了，新县衙起来了；以前的郭琇死了，新的郭琇活了！从今天起，我和我的手下再敢吃拿卡要，你们就去巡抚衙门上访！汤大人是有名的大清官，一定会为大家做主的。散会。”

郭琇卸掉了包袱，向着廉洁有为的目标大步前进。

一方面，他瞄准滋生贪腐的关键部位，禁私派、革火耗、清漕弊三箭齐发，同时严办仍不收手的苍蝇蚊子，很快刹住了侵害群众利益的歪风，全县上下一片叫好。

另一方面是尽心竭力保土安民。第二年秋雨连绵 80 天，民房倒塌，庄稼绝收。郭琇以船为家，查看险情，指挥转移百姓，避免了更大损失。灾后，他提出停征一年田赋的建议，附了手绘的灾情图上报北京。朝廷直观地感受到灾情之严重，老百姓有了一点儿喘息机会。

第三年干部考核，郭琇获得“治行为江南最”的评语。汤斌也不含糊，以德才卓异为由，向皇上郑重推荐郭琇。郭琇进京，出任都察院江南道御史——负责江苏安徽的行政监察工作。

郭琇果然不负厚望，对腐败势力疾恶如仇，频频亮剑。特别是冒死连奏三本，参掉了明珠、余国柱、高士奇等 10 多个无法无天的朝中重臣、皇帝宠臣，盘踞中央的大老虎几乎被一网打尽，人称“铁面御史”。

郭琇打老虎立了大功，短短三年间，康熙帝将他从七品御史，一口气提拔到正二品的都察院左都御史，领导全国的反贪工作。

大老虎的党羽对郭琇恨之入骨，纷纷拉弓搭箭。官场生态如此恶劣，郭琇正值盛年竟被迫回乡养老。此时的康熙帝政治手腕渐入化境，看似顺从众议，实际是在保护郭琇。

康熙皇帝要为万世开太平，郭琇这样的直臣不能老是晾着，既是工作需要，又有用人导向问题，所以他一直在等待时机。

康熙三十八年（1699 年），康熙帝南巡到达吴江，目睹老百姓集资为郭琇建的生祠，前来感恩致敬者络绎不绝。

皇上问大臣：“当年明朝有人为魏忠贤建生祠，那是拍马屁，这儿给一个退休老干部建生祠为了什么？”

大臣们说，群众没必要拍谁马屁，看来郭琇人才难得。

官场生态同过去大不一样了，思想自然容易统一。于是康熙帝果断拍板：任命郭琇为湖广总督，即刻上任！

在政治生涯的最后一站，花甲之年的郭琇拼了老命想把耽误的时间补回来，持续释放着炽烈的能量。特别是采取务实方法，有效缓解了汉苗之间的民族矛盾，为社会稳定和康乾盛世做出了特殊贡献。

当他在潮湿的南方身体终于支撑不住，三次提出辞职的时候，康熙帝诚恳地三次慰留：我知道你干不动了，请给我点儿时间，等我找到能接替你的人吧！

三

最近，习近平总书记基于历史经验和科学精神，首次提出“从政环境”和“政治生态”的重要命题，强调“加强党的建设，必须营造一个良好从政环境，也就是要有一个好的政治生态”。以此观照郭琇的人生轨迹和官场沉浮，能使我们提高理解力，增强执行力。

明朝灭亡前六年，郭琇出生在山东即墨县农村。他呱呱坠地时正是大雨如注，即墨县令正好在他家屋檐下躲雨。郭琇的奶奶向客人报喜：“我来孙子了！”县令乐了：“县令站在这里迎候，这孩子将来肯定不止七品，要好好安邦爱民哦。”老太太很谦虚：“七品太大了，二品就够了。”

县令的一句玩笑和家庭对他的教育，是郭琇成长的第一个环境。全家省吃俭用供他读书，希望他将来做一个好官。他自己也不含糊，三年中，秀才、举人、进士连中三元，思想基础和文化功底相当扎实。

江苏两任巡抚余国柱、汤斌是郭琇从政后的直接领导。郭琇能到天下文明富庶大县工作，说明朝廷的器重，也是他实现梦想的良机。但是同样的一介淳朴书生，在余国柱手下走歪路激起了民愤，在汤斌手下却又努力上进，政绩斐然，可见上级领导是最重要的从政环境。

今天我们也常常看到，一个一身正气的领导干部，治下往往风清气正，即使发生问题，也是孤案。而大老虎总能带出一窝小虎崽，单位、身边、家庭都不能幸免。外因只是变化的条件，却能在很大程度上影响结果，正是“近朱者赤，近墨者黑”，什么土壤长什么苗。

郭琇所处的时代和整个官场生态，是他事业起伏的大背景、大环境。康熙时代的起点在清初，国家百废方兴，吏治泾渭不明，明朝官场遗留恶习每每借尸还魂。作为一代英主，康熙皇帝需要郭琇这样的干才；作为一个成熟务实的政治家，有时他不得不妥协绕道；作为有血有肉的人，康熙最终也烦得得过且过。

康熙朝绵延了一个甲子，郭琇的整个从政生涯都在康熙时代。自 42 岁当县令到 65 岁退休的 23 年间，郭琇满打满算工作 14 年，其余时间都在家发呆，他的起起伏伏正与时代的特点暗合。每当官场邪不压正，郭琇就走背字；每当政治生态向好的时候，郭琇就逢凶化吉，一飞冲天。

岂止是郭琇！于成龙、汤斌、彭鹏、陈瑸、赵申乔、陈鹏年等正派能干的好干部，其从政曲线图与郭琇大体类似，郭琇只是优秀人才曲折人生的缩影。

康熙末期，康熙大帝终于从威风凛凛的雄狮，变成惰性十足的家猫。他的老同学、曹雪芹的祖父曹寅举报一起严重的腐败案，他还没听完就连连摆手：算了算了，这点儿小钱别较真了。由此可以想见官场生态环境之现状，和时代背景影响之巨；也能理解雍正皇帝上任之后，为什么要大开杀戒！公务人员身处何世，大概也有运气的成分吧。

事是人做的，人在政治中的作用自不待言，但制度规范等软环境也不能忽视。科学的制度设计是营造良好从政环境的好工具，再好的木匠，离开锯子也做不了一只板凳。

设想一下，假如清政府根本不能容忍民告官，或者巡抚大人为了个人前程故意捂盖子，下面的痛苦和愤怒就无法上达，郭县令就会越陷越深，社会矛盾就会越发尖锐。民间暗潮汹涌，衙门口却安安静静，绝不是什么好现象。如果当初也有个汤斌听听李自成的抱怨，调整一下政策，安抚一下人心，情况是否又有不同？

那时崇祯上吊刚 40 年，可谓殷鉴不远。清人深知从来没有铁打的江山，早就在悄悄研究前朝教训。其立国之初确立的基本政治制度，个个具有针对性，缜密的申诉制度是其中之一。

根据著名历史学家瞿同祖先生的研究，清廷贯彻落实申诉制度的态度非常坚决，从中央到地方概莫能外。比如，州县政府每月有九个法定接待日，一把手要从早上五六点钟开始，亲自接待来访群众，白天听不完就加夜班。如果群众反映的问题当场解决不了，至迟要在20日内办结。

就这一点点儿纠错机制和群众监督，不但救了郭琇，帮了吴江民众，还化解了社会危机。汤斌真是个明白人，他完美诠释了爱新觉罗家族的智慧。而所谓智慧，无非来自前人的愚蠢。

当然，郭琇本人也是政治生态的组成部分，而且是最重要的，因为内因是变化的根子。掩饰主观能动性的根本作用，把一切归咎于外因，实际上是在推卸责任。对此，车尔尼雪夫斯基是这样阐释的："环境影响人的成长，但它并不排斥意志的自由表现。"

当初如果郭琇本人脑子清醒态度坚决，顶住余国柱最多丢官，何至于声名狼藉？如果县令自己作风过硬，手下怎敢祸害乡里？小民自古怕事，何苦到巡抚衙门惹是生非？

一边抱怨环境差，一边乱扔垃圾；一边向往青山绿水，一边排放污水浊气；问题都是别人的，自己总是无辜的，生态环境永远好不起来。政治生态也如此，领导是环境，他人是环境，时代是环境，制度建设是环境，自己更是环境。假如每一个郭琇都是亮闪闪的“朱”，哪里还有“墨”的地盘！

四

郭琇的背影早已淡去。以党的十八大为标志，中华民族进入了全面复兴的崭新时代，加强政治生态建设更凸显紧迫。党中央遵循历史规律和人民意愿，以精卫填海的宏大气概，在中华大地创造了许许多多的“前所未有”，特别是在反腐倡廉和党的作风建设方面：打老虎拍苍蝇的力度前所未有；抓细节反四风的力度前所未有；推行群众路线的力度前所未有；落实“两个责任”的力度前所未有；群众监督的途径之广、热情之高前所未有……

于是，长期积攒的腐败库存挨个结账了，腐败的增量同比直线下降了，纪律、制度、法律、规范算数了，惹群众骂娘的陈规陋习不敢见人了，干群开始相向而行，党的威信随之飙升。

总之，过去以为神仙也没招的许多政治现象，仿佛在一夜之间发生了逆转，那些安之若素、习以为常的人们揉揉眼睛，纷纷醒来。动作之快，变化之大，时间之短，就连最挑剔的网民都连连惊呼：以习主席为中心的领导班子真给力！——熟悉互联网生态的人们都知道，这也是前所未有的。

没有天朗气清的从政环境，中国梦就会落空；没有每个人的自觉行动，再好的政治生态也难以持久。今天，一切崭新的气象都在发出清晰的提示：这一代公务人员远比郭琇幸运，建功立业的机遇、背景、环境、条件万事俱备，剩下的就是自己怎么做了。

1979年，清华大学化工系七二班同学提出了“从我做起，从现在做起”的响亮口号，在改革开放之初产生了巨大感召力。当前，面对百年不遇的历史机缘和厚重的政治责任，低头反求诸己，昂首身体力行，应该是广大公务人员的唯一选择。

2014年8月26日发表于《中国纪检监察报》

改革和反腐都要趁早。不从根子上改革弊政，腐败就会按下葫芦浮起瓢；不严惩寄生在弊政里的蛀虫，改革就推不动。

明朝拖了 200 多年的事，清朝立马就办。

御史的冤屈

崇祯皇帝自杀后七个月，甲申年（1644 年）的十月初十，清朝入关后的第一个君主顺治皇帝在北京登基，第一次最高国务会议随即召开，讨论通过了一项影响深远的重大政治决策。

什么样的事情值得他们如此着急？让我们先回到明朝。

干部家属公车私用

据野史记载，大明的监察御史毛羽健，因为闹了点儿生活作风问题，据说捅了天大的娄子，甚至影响了中国历史进程。

崇祯皇帝自缢处——景山，图为 19 世纪末的景山。

这件糗事发生的时候，离李自成进京只剩 16 年。此时，崇祯帝从他的哥哥、著名的木匠熹宗手中接过烂摊子刚半年。毛羽健在前朝就是监察御史，因弹劾奸臣被撤了职。新皇上正需要这样的干部，于是让毛羽健官复原职。

本应抓住机遇认真工作，但毛羽健有更重要的事做。

原来，他的太太脾气火暴，一不高兴就摔盘子打碗，还常到单位撒泼耍赖。毛羽健内心非常压抑，暗暗动了纳妾的念头。

在当时，纳妾是成功男士社会地位的象征。御史虽是小小七品，地位却很特殊。向下，对地方官的小问题可以自己做主，大问题能直接向皇上报告；向上，有权以小制大，查办他的上司——都察院的部级干部。而且，御史的政治前途特别好，只要外放，出任四品知府都不算提拔。

因此，纳个妾对毛御史来说，本是小事一桩，何况也不是没有相好的。无奈就是不敢开口。

毛羽健最终决定调虎离山，建议太太衣锦还乡一把。

太太多么聪明，她要看牢这个香饽饽，万一有啥情况呢？于是毛羽健又添上一句：

“你忘了吗，我是专管地方官的，我老婆千里还乡一回，下面能不认真对待吗？”

这句话很给力，第二天，太太就直奔老家湖北公安县。

太太刚上路，毛羽健就动员情人住到家里来。等太太风光够了回京，生米早已做成熟饭，这个妾不纳也得纳。

通过耐心细致的思想工作，外加不少银子表忠心，总算打动了姑奶奶。毛羽健心情好极了，请了三天假来陪新人。

第四天早上，毛羽健正要起床去上班，突然轰的一声，房门开了——竟然是太太大人！

母夜叉先把小妖精揍得鼻青脸肿，又以手指地，喝道："跪下！"堂堂御史跪了整整一天一夜。

毛羽健死活想不通，她怎么会那么快回京？难道会飞？太太有一天心情好，得意扬扬地揭开了谜底：

"驿站！600里加急！懂吗？"

天哪，她竟敢动用国家最重要的基础设施，仅仅为了吃醋！

晚上，失去理智的毛御史奋笔疾书，给皇上写了个可行性报告，建议裁撤驿站，越多越好！

崇祯帝大为赞赏，当即指示把全国的驿站裁掉三分之一，遣散富余人员。省下来的60多万两银子，正好救军费之急。

崇祯不会算命，他无论如何想不到，陕西米脂县银川驿站的下岗职工中，有个不起眼的23岁小青年，名叫李自成。

大明的腐败重灾区

在崇祯皇帝上吊320年后，美国气象学家洛伦兹发现了一个奇特的天气现象：巴西的一只蝴蝶偶尔扇动几下翅膀，可能引起美国得克萨斯的一场龙卷风。这就是“蝴蝶效应”。

自明王朝谢幕以来，包括梁启超在内的许多人认为，可怜的毛羽健就是那只蝴蝶。据他们推论，如果毛羽健没找情人，那他的太太就不会公车私用，他就不会写那份著名的奏章，李自成就不会去当闯王，历史将大大不同。

毛羽健自有他的问题，但这顶大帽子扣到他头上并不公平，因为改革驿站并没有错。

中国是一个地域广阔、地貌复杂、人口众多的大国，如果没有一个办法把首都与全国各地联系起来，中央的统治一天也不能维持，几千年的大一统局面根本无法形成。聪明的古人发明了水陆驿站，从战国到民国初年，绵延了3000年之久。

驿站几十公里设一个，职能是传递重要信息、运送军政人员，是今天机要通信、政府接待宾馆、民航铁路高速路的合一。作为帝国的生命中枢，它不以营利为目的，是个大把烧钱的事业单位。

历代对驿站的管理都很严格，基本规矩都一样：非执行公务不得使用、滥用驿站，违者一律严惩。唐玄宗动用驿站为杨贵妃送荔枝的事情，极其罕见。

明朝的法纪也是越往后越松弛。起初，朱元璋的老乡、开国大将唐胜宗，利用职权偷偷讨了驿站的便宜，朱元璋毫不犹疑地革去其侯爵身份，降级使用；吉安侯因私外出，找关系借了回驿站车马，以为领导不知道，结果被公开通报批评。

明中期以后，皇帝普遍不热爱本职工作，有的好几十年不上班，有的天天和女朋友们泡在一起，崇祯的前任则专注于木工活。这么大的家没人管，国家治理混乱不堪，驿站成了腐败重灾区。

一是制度设计本身就有问题，为滋生腐败提供了肥沃的土壤。明朝的驿站制度十分野蛮，虽说是国家事业单位，却基本依靠民办，驿站的运转经费、驿站产生的额外费用，大都摊派到老百姓头上，巧立名目乱摊派则更多。老百姓还要无偿提供、喂养驿用马匹，自掏腰包给马看病，马死了还得再补上一匹，各项服务苦役也通通由老百姓出力。

所以，老百姓无论如何拼命种田，最后都会倾家荡产，家破人亡。这种把农民当奴隶的制度设计，培育了明火执仗、无休无止的集体腐败，也使得官民矛盾没有半点儿调和余地。驿站实际上就是一座活火山，大明就坐在火山口上。

二是越来越没规矩，驿站成了公费旅游的工具、财政支出的大漏斗。中央政府除了发放通行证，其他都由驿站说了算，谈不上管理和约束。正如毛羽健在他的报告中所说：按规定，介绍信由兵部签发，完成任务后必须按时交回。但是现在却是有去无回，正经出差的反而要等待。介绍信用水洗一洗，填上下一个使用人姓名，如此循环使用。驿站干部也不细看，因为他自己也经常公车私用。

有权有势的人自己公费旅游也就算了，连家属和亲戚朋友也跟着沾光，甚至搞违法行为。毛羽健的太太公车私用，都不需要老公打招呼。在她之后，四川有个大领导去世，他的弟弟违反规定，使用驿递送遗体回乡，其实棺材里装的是他哥哥搜刮的金银珠宝。

明王朝此时已是寅吃卯粮，哪里经得住这样造！

三是来来往往的各级官员，个个要求提高接待标准，伸手要钱要物。如果服侍不好，他们就虐待马匹致死，或者说行李被偷了，逼得驿工花钱消灾。毛羽健说“差役之威如虎，小民之命如丝”，一点儿没夸张。

但是驿站领导对此视而不见，因为岗位就是摇钱树，还能利用职务之便结识贵人。他们喜欢做的是以工作需要为由，一再增加摊派数量，或要求中央追加财政预算。

那李自成这些人为什么不主动离职呢？那是因为，大饥荒之年，驿工有项诱人的“福利”：吃客人的剩饭！

四是根本没有人愿意出头管这事。肩负保土安民职责的地方官本该站出来干预，至少也要向朝廷反映情况吧？多数地方官从克扣驿站经费中得了利，乐得维持现状。个别正直的即使能做到不揩油，但也不愿意得罪人。海瑞是明代最有名的清官，敢说敢管，还批评过前来视察的上级领导，后来也变“成熟”了。

在这件事上，他最大的贡献是留下了几句大实话，描绘了地方官的真实心态：客人嘴大，稍不如意，麻烦就会没完没了，老百姓不高兴又能怎样？反正钱不是我出，“取之百姓之身为之也”！

其实许多官员也明白，真到了老百姓有苦没处说、国家积重难返的境地，就来不及了。早在驿站弊端还不是很明显的明初，监察御史方孝孺就提出相关意见。

在毛羽健提建议的20多年前，张居正的改革曾让人眼前一亮。

张居正深知，改革和反腐都要趁早。不从根子上改革弊政，腐败就会按下葫芦浮起瓢；不严惩寄生在弊政里的蛀虫，改革就推不动。他试图推行驿站官办，让农民交赋税了事。

然而，改革遭到了既得利益集团的拼命抵制，再加上后来他自己屁股也不干净，不久一切又回到起点。

从方孝孺到毛羽健，200多年就这样过去了。到毛御史写报告的时候，无论是改革弊政还是惩治贪官，都已失去时机。

此时的明王朝，内外交困，财源枯竭，所有官员混一天算一天，只为腐败忙活。清军虎视眈眈，逼近山海关。饥荒严重到人们不敢外出，出门就可能活活被吃掉。陕西本来土地贫瘠，饥荒最为严重，人们不是易子而食，而是直接吃亲人的尸体。

朝廷认为外敌威胁更大，不但舍不得拿钱赈灾救命，反而加征战争税。于是陕西就成了农民起义最多的省份，规模比较大的就有高迎祥、张献忠、罗汝才、马守应等农民起义军，小股的不可胜数。陕西驿站系全国最多，太迟的改革不但引起了贪官污吏的愤怒，还将许多下岗职工推入绝境，扩大了农民军的兵源。

也就是说，在东西夹击、天灾人祸之下，腐败不堪的明王朝具备了垮台的所有条件，不是亡于陕西的农民军，就是亡于东北的清军，迟一天早一天而已。

至于不是别人，而是李自成攻入了北京，则完全是历史的偶然，跟毛羽健没有一毛关系。“灭六国者六国也，非秦也；族秦者秦也，非天下也！”

顺治抓的第一件大事

明朝拖了200多年的事，清朝立马就办。

爱新觉罗家族一直在研究明朝的政治得失。他们发现，腐朽不堪的驿站制度伤害了太多的底层百姓，是造成明末内乱不止的重要原因。如果没有紧迫感，没有看得见摸得着的根本性改变，老百姓会认为大清和大明是一路货，大清没准就是第二个李自成。何况作为少数民族政权，想在汉人的海洋中立足，本来就没什么优势。

这就是顺治皇帝上台第一天，首先解决驿站问题的动力。驿站新政的基本思路是改革、反腐两手抓：

一是驿站改民办为官办，老百姓由承担一切，变为依法缴纳驿站税了事。喂养马匹、提供粮草和人力服务事宜，政府拿钱来买。二是收税之后，不得再向百姓摊派费用；经费不够的，由中央政府拨付。三是对于抵制改革、继续从中渔利的，一律严惩不贷。

新朝刚开张就做出这个决定是不容易的。此前半年，李自成临走时一把火烧了崇祯皇帝的办公室。由于没钱修整，顺治的登基大典和这次重要会议，都是挤在一个小房子里进行的。国家百孔千疮，全国尚未统一，各地反清复明活动方兴未艾，军费支出有增无减，财政状况朝不保夕，自己却把钱袋子扔了，这日子还过不过？

清政府算的是政治账。新政堵住了驿站这个无底洞，迅速而有效地缓解了社会矛盾，无数家庭欢呼雀跃：终于有时间种地了，能给孩子盖房子娶媳妇了。据《清会典事例》记载，基层干部收购粮草的时候，还会压价讨便宜，但老百姓毫不在乎，因为最要命的负担没有了。

为了体现坚定的政治决心，清政府以铁腕保障改革。直隶肃宁县令阳奉阴违，继续乱摊派。事情败露后，竟谎称因为驿站经费困难，地方大户看不下去，主动捐献的。县令和帮他说话的直隶总督、保定巡抚一起坐牢法办。

从那次会议开始，直到康熙朝前期，清政府常抓不懈 20 多年，基本解决了困扰明朝的一大祸害，再也没有反弹。清朝入关后迅速获得了群众支持，还做到了长期执政，连退场也退得体面，与可怜的崇祯完全不同，不是偶然的。

2014年7月29日发表于《中国纪检监察报》

苏联在冷战中的失败源自苏联模式，或者叫“斯大林模式”，其本质就是“天不变，道亦不变”，完全没有变革意识。

苏联帝国的背影

读《失败的帝国：从斯大林到戈尔巴乔夫》有所思

2014年11月9日，苏联已下台的总统戈尔巴乔夫飞到柏林，与当初的冷战对手共同纪念柏林墙垮塌25周年。这个日子确实值得纪念，因为它是冷战终结的标志，两年后1991年的圣诞节，苏联也像柏林墙一样垮塌，只是在死者的棺木上砸下钉子而已。

绵延40多年的冷战就像一部恐怖片，苏联和美国拿着上膛的手枪互相顶着对方的额头。一旦枪响，不仅仅是两败俱伤，毁灭的是整个世界：到20世纪70年代，两国的核武器足以摧毁地球几十次！然而无论是神通广大的中情局，还是神乎其神的占星家，谁也没有料到，冷战的结局竟是对手猝死。

看过惊心动魄的恐怖片后，人们热衷于回味故事情节，研究结局何以至此、是否有其他可能。冷战结束后，西方国际政治学者的论述汗牛充栋，并且占据上风，弗朗西斯·福山扬扬自得地提出了“历史终结论”，粉丝遍布全球。缺陷是，他们都是从赢家的角度来探讨问题，很难反映全豹。这样，《失败的帝国：从斯大林到戈尔巴乔夫》这部巨著便让人眼前一亮。

作者弗拉季斯拉夫·祖博克是个土生土长的苏联人，莫斯科大学毕业，苏联解体后到西方从事教学研究工作。他以亲身经历和原苏联的解密文件为基础，按照时间顺序，梳理了斯大林、赫鲁晓夫、勃列日涅夫和戈尔巴乔夫对美国和北约关系的决策过程，生动描绘了另一个主角不可思议的疯狂与怯懦、好斗与妥协、进攻与缴械，打破了冷战研究中只有一面之词的现状，值得认真对待。

不过，如果阅读这部书仅仅是想了解冷战史，作者一定会感到失望。作为一个国际关系史专家，他主要记录了“什么”，而“为什么”则巧妙地隐藏在背后。外交是内政的延续，苏联在冷战中的失败源自苏联模式，或者叫“斯大林模式”，其本质就是“天不变，道亦不变”，完全没有变革意识。

由于没有变革意识，在经济上，苏联拒绝人类发展的必由

弗拉季斯拉夫 · 祖博克（Vladislav M. Zubok）著作《失败的帝国：从斯大林到戈尔巴乔夫》（*A Failed Empire: The Soviet Union in the Cold War from Stalin to Gorbachev*）

之路——市场经济，弄得人民食不果腹，国力不可能持续。在政治上，苏共缺乏保持优良作风的自觉，毫无顾忌地背叛立党宗旨，腐败和特权横行，人民怨声载道，貌似强大的帝国根基松软。在文化宣传上，实行封闭和欺骗政策，而随着国际交往和信息量的递增，物质匮乏、精神信仰单一的青年一代，突然发现了西方世界的另一面，他们误以为，西方是真正的人间天堂，一点儿毛病也没有；西方的文学艺术是人类文明的精华，甚至好莱坞一部粗鄙的搞笑片，都能让苏联青年如痴如醉，托尔斯泰、高尔基为代表的本国优秀文化成了一堆垃圾。当这一代作者所谓的“60 年代人”长大成人后，苏联的掘墓人队伍就齐备了。

与此相适应，苏联的外交目标不是为提升人民福祉而创造和平安宁的国际环境，而是将沙皇的扩张传统，用意识形态的彩纸加以包装，用地缘政治的手段发扬光大。随着苏联兴致勃勃地从东欧扩张到整个第三世界，帝国的包袱越背越重。结果，枪里没子弹了。

所以，苏联输掉冷战，不是战略问题，不是战术问题，而是思想僵化的必然结果：冷战玩不下去了，苏联就混不下去了；苏联结束了，冷战便落幕了。

严肃的作者加上思考的读者，等于一部作品的价值。《失败的帝国：从斯大林到戈尔巴乔夫》暗示中国读者，我们过去的老大哥最终无可挽回地成为历史，而中国却能扶摇直上，自有其合理逻辑。因此，“中国特色社会主义”绝不是什么套话；在“举什么旗、走什么路”的问题上，来不得半点儿含糊。

2014年11月14日发表于《中国纪检监察报》

官和商成为连体婴儿，既导致官场腐败和政权变异，也阻碍经济发展和社会进步。让权力从市场走开，由市场自行配置资源，上帝的归上帝，恺撒的归恺撒，这是铲除官场腐败、保证政治安定的治本之策，也是经济社会发展的必由之路。明白了这个道理，就能理解党的十八届三中全会通过的《关于全面深化改革若干问题的决定》的意义，也能领会“治标为治本赢得时间”的智慧。

张之洞借钱

一

“一分钱憋倒英雄汉”，张之洞对此深有体会。他急需一大笔钱，但是不知道能不能借到，为此苦恼不已。

张之洞自幼聪慧异常，他爹是贵州的一个知府，但是大家都说小张将来肯定超过老张。果然，小张 26 岁就名列殿试第一，当即被分配到翰林院工作。

翰林院是个典型的清水衙门，也是一个清闲的单位，但年轻的张之洞照样干得热火朝天。他认为通过自己的不懈努力，一定有机会实现修齐治平的宏伟理想。曾国藩老前辈当年殿试排名只是第四十二名，他能成功，我反而不能？而且，要不是两次遇到堂兄张之万任考官，按规定考官的家人应试必须回避，自己得功名还要早呢。

刚踏上工作岗位那阵子，张之洞苦思冥想写了不少工作建议，上报之前总要先请堂兄把关，也期盼他说个“好”。张之万是过来之人，给老弟泼了一盆冷水：文章确实有见地，不是一般人能写的。但是呢，要想实现远大抱负，必须出任封疆大吏，小京官作为有限。

这盆冷水对张之洞一生影响很大，但没有浇灭他的工作积极性。谁知一晃小 20 年过去了，当年的热血青年已是华发渐生，工作范围始终没出文教部门，总是在翰林院、考官、学政、国子监的岗位晃来晃去。

时间已到 19 世纪 80 年代。两次鸦片战争之后，大清强敌环伺，民不聊生，国运日坠，上下束手无策，迫切需要经国之才。当时朝廷正在酝酿调整干部，正巧，张之洞就国防和外交政策发表的系统意见，第一次引起朝野瞩目，据说慈禧看了以后，先是惊讶，后是连连点头。

看起来主客观条件都已具备，但张之洞早已不是愤青，他知道孔方兄必须出场。

经朋友牵线，张之洞来到位于前门的平遥会馆，与著名的日升昌票号的老板见面。

日升昌老板："打算借多少？"

张之洞："10 万两行吗？"

日升昌老板："急不急？"

张之洞："不急就不来找你了。"

日升昌老板："我先看看够不够，三天后回话。"

日升昌是山西的票号，也是全国最早的一家票号，是中国现代银行业的"乡下爷爷"。它实力雄厚，信用度高，分号遍及全国各地。10 万两相当于今天的 2 000 多万人民币，但在日升昌不是什么大事。老板用了缓兵之计，他有事要做。

在北京营业的山西票号都有一个名册，有投资价值的各级官员情况都在上面，只要名字在册，张口就到账。名字不在册的官员如果借钱，票号就要启动客户调查程序，根据调查结果再做决定。

日升昌老板翻了翻小册子，根本没有张之洞的影子。这个后来的晚清四大名臣之一、在中国近代史上占有辉煌地位的大政治家，当时完全不为人知。

原来，这个姓张的没有任何背景，也看不出有什么政治前途。虽然时作惊人之语，但只是个小小从四品，还是刚提的。岗位职责是为上面讲话发文件找点儿资料，人家用不用还两说。父子两代做官几十年，老家没添半亩田。总之，如果贷款给这哥儿们，等于拿银子打水漂玩。

为筹集资金，张之洞与协同庆老板会面寒暄。

于是，日升昌委婉地拒绝了张之洞。

第二天，绝望中的张之洞收到了一封请柬，协同庆票号老板请他赴宴。

二

协同庆的规模和实力比不了日升昌，一下子很难拿出 10 万巨款。但它能在京城站住脚，自有道理。大客户早被大票号瓜分，它就锁定小客户，用低低的成本、浓浓的人文关怀，做了生意，赚了感情。

日升昌拒绝张之洞话音未落，协同庆已经启动了应急预案。

在协同庆的花名册上，张之洞在有抱负有潜力缺机会的小官一栏。根据内部消息，最近张之洞行情陡然看涨，不排除是一匹黑马。他的问题在于自视甚高，人脉枯薄，动手又太晚，每个环节都可能有阻滞，所以资金很关键。

他身陷如此困境，在他身上投资，他一定不会忘记。他的工资仅能糊口，家里还养了十几只猫，而养宠物的人一般都重情重义。这单生意的风险是，不能确定馅饼一定砸到他的头上，也就是说，存在血本无归的可能性，这是协同庆无法承受的。

董事会经过一夜磋商，最终做出了一个完美的方案。

席间，协同庆老板劝酒夹菜，谦恭有加，好像没有别的事。

张之洞满腹狐疑，好几回想咨询一下贷款的事，人家总是笑笑说，这是小事，喝酒喝酒。等到酒足饭饱，协同庆老板正色道：

“您的文章、韬略、人品举世景仰，我们早就想结识您了。您时运不济，憋屈多年，大家都为您鸣不平。国家都这样了，人才该出头了。需要我们搭把手的话，您尽管吩咐。”

张之洞第一次如此受人尊崇和理解，不禁热泪盈盈：

“数字太大了，恐怕你们也为难。”

协同庆老板问：“30 万两够吗？”

张之洞大惊：“10 万两足够了！”

老板又问：“是一次性送给一个人吗？”

张之洞说：“当然不是，需要打点不少人呢。”

老板出了个非常可心的主意：“您这么大官，弄一堆银子回家目标太大，也不安全，不如每次用多少过来拿多少，直到起效果为止。”

协同庆刚为张之洞支付至三万两，馅饼突然像雨点儿一样砸向张之洞，也砸向协同庆！

1881 年（光绪七年）7 月，慈禧做出了一个清史上罕见的决定：张之洞由翰林院侍讲学士，直升为从二品的内阁学士兼礼部侍郎，一夜之间连升四级！年底，张之洞出任山西巡抚。次年到任不久，又不断转任其他重要岗位。又过两年，张之洞荣升两广总督。

张之洞终于实现了封疆梦想，开始在中国历史大舞台上扮演重要角色，同时他也不忘老朋友。一到广州总督署，他就开始招商引资，让协同庆票号垄断了两广的金融业；辖区内所有上交中央财粮税款事务，统由协同庆代理。短短几年，协同庆轻松赚进百万，势头直逼日升昌。日升昌则因为看走一回眼，肠子都悔青了。

三

张之洞与协同庆的成功合作，是封建社会官商关系的缩影。

明清两代，晋商掌控全国商业、金融业达500年之久，天下富人十之六七是晋商，成功的秘密就是与官场的关系铁。晋商明着是做生意，功夫却在生意之外。

晋商的第一桶金是朱元璋给的。当时为了防范残元政权，必须加强边防，但是后勤工作跟不上。因为山西与蒙古地区是邻居，朱元璋就与山西商人做了一个交易，只要他们肯给边防军供应粮食，就能拿到食盐的特许经营权。晋商的腰包迅速鼓了起来，接着便杀向了全国。

清朝入关之前，同样面临军事物资短缺问题。晋商哪管什么社会责任，忙着走私，两边游走大发其财，作用相当于清军后勤部长。因此顺治皇帝一到北京，就隆重宴请了八位晋商代表，并将它们列编于内务府，由私企转为国企，特权多多。

当市场经济迅猛发展，客观上呼唤金融资本的时候，晋商的商业分号因为早就遍及全国，便摇身变作网点密布的票号，也就是现代银行性质的金融企业，西方人则干脆把票号叫作Shanxi Bank!

票号的鼎盛期在1900年到清朝灭亡，当时全国总共有51家票号，其中43家是晋商的，动力还是官场。1900年八国联军进京，慈禧狼狈西逃，一路食不果腹的窘况，到了山西才改变。晋商不但早早知道老佛爷的行踪，还准确地预测到政局的发展走向，就像协同庆对待张之洞一样，接风洗尘，热情周到，临走还献上20万两零花钱。

慈禧大悦,《辛丑条约》签订后，连本带息十亿两白银的赔款，统统通过晋商票号走账，晋商大发了一回国难财。

晋商根在山西，枝繁叶茂在权力最集中的地方。在北京，山西票号和各家会馆的工作重点，是通过无所不至的一条龙服务，培养、结交和套牢权贵。

当各地读书人进京赶考的时候，他们就在贫困而聪慧的考生身上押宝，为他们提供食宿，送点儿小钱。当考生金榜题名，运作补缺上岗时，他们及时提供贷款。新官要上任了，张之洞那些小官想升大官了，官场上遇到坎儿了，打官司了，无不需要山西票号做中介、出经费。总之，一个个外表光鲜的朝廷命官，始终像牛一样被牵着鼻子走，晋商是官场腐败不停息的发动机。

所以说，商场离不开官场只是问题的一面，官场同样离不开商场。官商共生共荣必然滋生各种帮派，对封建政权构成了致命威胁。到了晚清，晋商在一定程度上可以控制各级官员，甚至能左右政府的决策。由于双方关系如胶似漆、难分难解，自然形成了具有黑社会性质的“第二政权”、“影子政府”。这对朝廷是真正的噩梦，因为在不知不觉中，权力从紫禁城的门缝溜走了。

然而晋商也是受害者，不但活得没有尊严，更要命的是，人家能让你发财，也能让你破财。所以晋商钱再多，也只能拼命置地盖房子，满足于当胡吃海塞的土财主，根本不敢扩大再生产。今天我们到了山西，还能看到不少这个大院、那个大院，原因就在这里。

结论是，官和商成为连体婴儿，既导致官场腐败和政权变异，也阻碍经济发展和社会进步。让权力从市场走开，由市场自行配置资源，上帝的归上帝，恺撒的归恺撒，这是铲除官场腐败、保证政治安定的治本之策，也是经济社会发展的必由之路。明白了这个道理，就能理解党的十八届三中全会通过的《关于全面深化改革若干重大问题的决定》的意义，也能领会“治标为治本赢得时间”的智慧。

2014年12月26日发表于《中国纪检监察报》

“清水衙门水不清”，无非说明腐败的普遍性，而公然卖官鬻爵，则像一把尺子，标示着腐败的深度。

卖官鬻爵得到的是蝇头小利，失去的是最贵重的人心；得到的是几片安慰剂，失去的是整个政权的合法性。——还有比这更亏的买卖吗？

布贩子买官

中国古代有一种特殊产业叫作卖官鬻爵，它与中国古代2 000年的专制制度相伴而生，早在秦朝就萌芽了，到清代更像罂粟花一样开得妖艳夺目，描述这种生意的“段子”也不绝于史，让人笑掉大牙。谁说咱没有商品经济意识？谁说中国人缺乏幽默感？

一

武则天有个男朋友叫张昌宗，张昌宗有个弟弟叫张昌仪，张昌仪利用哥哥的特殊影响力，干起了卖官的生意。有个姓薛的后备干部长期不能上岗，有一天直接闯进张昌仪的办公室，放下东西扭头就走。张昌仪打开一看，哇，简历一份、黄金50两！看完就让主管这项工作的吏部侍郎抓紧落实。

吏部侍郎收到的条子比较多，临上会却找不到那份简历。张昌仪生意很繁忙，只记得那人姓薛，把人家名字给忘了。好在他应变能力强，临时想出个补救措施：这不难，看到姓薛的就画圈吧！

结果，在这次得到妥善安置的干部中，姓薛的有60多人。

如果卖家不像张昌仪那样讲诚信，买主只能自认倒霉。

清代的江苏松江县有个姓赵的布贩子，花钱捐了个六品通判，相当于主管财税工作的常务副市长，是个肥缺。上任之前皇上照例亲自谈话，亲切地说："卖布可是个赚钱的好职业，你舍弃个人利益来为国服务，值得肯定。"

老赵诚恳地回答："在商言商，卖布收入确实不错，但做官赚钱更多，而且更容易。"皇上一听非常生气，怒道："原来你是来做买卖的！回家卖布去吧。"

这老赵很有个性，当场就跑到吏部那儿，要讨个说法："哪有这样做买卖的呀？东西不卖就不卖，但必须退钱！"吏部哪管这一套，赏他50个嘴巴、100大板了事。

当然，也有买主不如这两位阔绰，不得已搞起了股份制。

清朝有"三年清知府，十万雪花银"的民谚。绍兴的蒋渊如羡慕不已，但苦于资金有限，就鼓动几个志同道合的朋友，合伙集资买官。根据股份多寡，蒋渊如出任县令，其他人分别负责账房、税收、治安等重要工作。哥儿几个心往一处想，劲往一处使，年利润高达20多万两。

由于群众反映过于强烈，这几个家伙没通过干部考核，统统被开除公职。但是他们却一点儿不惭愧，喜滋滋地衣锦还乡了。

相比之下，汉灵帝服务意识最强，商业运作也更人性化。

为了吸引和方便客户，他让政府出资搞了个商业一条街，其中包括一个官帽子专卖店。官职挂牌出售，明码标价，买官就像点菜一样简便。灵帝还提前1 000多年运行现代企业制度：实行招投标，出价最高者胜出；实际成交价格随买家的财务状况上下浮动；如果客户心仪某个商品，一时钱不够不要紧，可以分期付款。

按照灵帝的干部政策，就连清官能吏也得先交钱，后升迁。崔烈在地方和中央的多个岗位锻炼过，廉洁有能，政绩斐然，但总是平调。在商业一条街上转悠了小半年，老崔最终不得不痛下决心，东拉西借了500万钱，买了个司徒的高位。

举行任命仪式那天，看到崔烈一副志满意得的样子，灵帝后悔了，嘴里咕咕哝哝："这位子至少值1 000万呀，便宜这小子了！"秘书赶紧劝阻："亏就亏点儿吧，成交了再变卦，以后这帽子可就砸手里了。"灵帝一听有理，忍住了。

崔烈上任后心里不大踏实，想知道社会上有什么反应。他的儿子告诉他，群众都嘲笑官场铜臭气太重。据说，这就是“铜臭气”的由来。

汉灵帝是史上最爱玩、玩得最出格的皇帝，买卖所得统统用于娱乐消费，但江山都是他的，谁也没话说。但是臣属卖官就相当于走私，而且收益多了比较惹眼，容易出事，这可咋办？

晚清的湖广总督官文有办法：洗钱。

官文以工作能力差著称，如果秘书不在身边，他一件事也处理不了，跟曾国藩、左宗棠搭班子的时候，把他们气个半死。但官文的商业才干绝对出类拔萃，不服不行。

调回京城前，他发现卖官所得财物多到没法运输，于是一口气在武昌开了九家当铺，这才放心上路。四年后官文病故，得到的谥号竟是“文恭”：水平高，作风正！

千万不要以为必须有权有势才能卖官。任何产品一旦有了广大的市场，很快就会形成产业链，只要肯动脑筋，商机无处不在。清朝卖官鬻爵集各代之大成，上上下下都参与到了这桩商业活动中，搞得热火朝天。翰林院是做文字工作的，本是清水衙门，官员油水却也越来越多。

根据大清的干部制度，各地进京跑官买官人士，必须先拿到中央六部出具的介绍信，证明此人安分守己，文化水平胜任行政工作，相当于现在的资格证书。但是外地人人生地不熟，谁有本事把六个大章都盖全？这就需要一个人脉广泛、能写会跑的社会中介，把两头的利益兼顾起来，于是翰林院便脱颖而出。

来自五湖四海18省的翰林院属官经过认真讨论，在六部周边租了房子，陆续筹建了18家中介公司，承揽为老乡写介绍信、跑部盖章业务。为了不影响本职工作，大家轮流值班。收费自然不会低，一份盖完章的介绍信，价格比买个县令还贵，但生意好得不得了，垄断行业嘛。刨去成本，利润由翰林院和六部有关人员合理分成。因为是三赢局面，这项业务颇具可持续性。

“清水衙门水不清”，无非说明腐败的普遍性，而公然卖官鬻爵，则像一把尺子，标示着腐败的深度。

二

对于一个正常社会来说，什么都可以进入市场，唯独官位不能。

第一，买官卖官是各种官场腐败病的根子。

吏治腐败是最大的腐败，此言不虚。中国各封建王朝，虽然在没有买官卖官的时期，腐败也不可避免，但总还时有时无、时重时轻。一旦开始买官卖官，腐败就成了常态，并且愈演愈烈，很难治理。这是因为，正途官员即使腐败，也有个过程，而买官者一开始就动机不纯，就是冲着赢利来的，你让他一身正气两袖清风，无异于让猫不吃腥，让蚊子不叮人。

就说卖布的老赵吧，人家是花了本钱的，将本求利，多多益善，这就是生意。朝廷既然主动打开了潘多拉盒子，就应该有承担后果的思想准备。人家老赵实话实说，皇上居然不高兴，真是自欺欺人。道光皇帝虽然也卖官，但心里很明白，不止一次对人说："我对那些花钱买来的乌纱帽不放心！"

第二，以金钱做官员的准入标准，好比用稻草支撑大厦。

中国各封建王朝在争夺政权过程中，干部标准容易掌握，那就是谁会打仗谁上，否则就是跟自己过不去。自隋代之后，历朝历代无不以科举取士。科举取士也有弊端，但好处是标准客观、统一，总体上是分数说了算。

买官卖官的要害在于，把相对科学公正的标准替换了，让干部质量彻底失去了保障。无论阿猫阿狗，谁有钱谁上，德才兼备的人才面临逆淘汰局面。干部素质低下加上无休止地鱼肉百姓，不但管理不好中国这样一个大国，还激化社会矛盾，破坏政治稳定。

对此，晚清思想家冯桂芬有生动描述：近年来流行买官卖官，吏治坏了。吏治一变坏，就经常出事。一出事就要花钱摆平，财政自然吃紧。财政一吃紧，只好加大卖官力度，国家能不乱吗？

第三，卖官鬻爵是最愚蠢的买卖。

史上第一个吃螃蟹的秦始皇，清朝第一个卖官的康熙，都是为了筹集粮草扩军打仗，属于临时性财政措施。当卖官鬻爵变成财政收入的稳定来源，这个政权就进入倒计时了。

汉灵帝的企业做得那样红火，很快就迎来了黄巾起义，有400多年历史的汉代随之灭亡。据诸葛亮回忆，后来刘备一想起这事就“叹息痛恨”。晚清嘉道之后，朝廷疯了似的卖官鬻爵，结果大清直线向悬崖下栽，老百姓在边上冷漠围观，就是不伸手。

朝廷一边收着银子满足私欲，一边制造着无德无能如狼似虎的官僚队伍，一直为这桩烂生意埋单擦屁股的却是无辜百姓，怎么会长久呢？所以，卖官鬻爵得到的是蝇头小利，失去的是最贵重的人心；得到的是几片安慰剂，失去的是整个政权的合法性。——还有比这更亏的买卖吗？

值得注意的是，2 000年来，老百姓对腐败现象无不切齿痛恨，为什么唯独对最严重的买官卖官腐败，无论是史书记载还是坊间逸闻，都是笑着来谈论呢？

这是带泪的笑。一个严肃的社会问题以黑色幽默的形式表现了出来，除了表明现实是何等的荒诞，更显示出人们对风清气正的政治生态，自古以来便充满了渴求和期待。十八大以来，我们党以“壮士断腕”的决心和史所未见的力度，为终结腐败、开创历史而奋斗，正是对人民夙愿的清晰回应。

2014年12月12日发表于《中国纪检监察报》

中国历史上从来不缺贪官懒官，但这艘老旧大船能够持续往前行进，吴大澂这样的民族脊梁是重要的支撑。

让成琦这样的沙子淘汰出局，让吴大澂这样的金子闪闪发光，营造优胜劣汰的从政环境，培育良性循环的政治生态，是国家强盛和民族复兴的前提条件。

晚清的两个奇官

乱世出英雄，也出奇官。历史发展到晚清，什么稀奇古怪的事都会发生，什么不可思议的人都会出现，直叫人叹为观止。

一

二品大员成琦就是一位奇官，奇到了毫无底线的境界。

1860 年冬天，乘着第二次鸦片战争之危，沙俄装扮成调停人，推推搡搡地逼迫清政府签署了《中俄北京条约》，如同切西瓜一样，切走了乌苏里江以东 40 多万平方公里，相当于今天黑龙江全省的面积，而且还利用条约的模糊性，给下一步蚕食打下了埋伏。

珲春原来出门就是日本海，现在却失去了出海口，吉林一下子由沿海地区，变成了一个内陆省；本来中俄在珲春图们江一带并不接壤，现在却有了共同疆界。

清廷深知，同强盗做邻居，剩下的家当也不保险，因此加紧谈判，勉强与俄方达成了脆弱的协议：第二年夏天双方进行勘界立碑工作。

中方勘界代表团团长是户部仓场侍郎成琦。朝廷之所以选中他：一是仓场侍郎专门负责中央粮库工作，管着北新仓、海运仓等 13 个大仓库，办事仔细，对数字敏感；二是因为中央粮库的客户只有皇室一家，其负责人在政治上绝对可靠。

然而，清廷没有看到仓场管理人员的另一面。在清代，仓场和内务府分掌皇室钱粮，是最有油水的两个机构，干部地位高、权力大、来钱快，吃喝玩乐样样在行，工作上扶个油瓶都怕累着。果然，成琦既不专业，又不可靠，还怕吃苦。

成琦到达现场后，嫌边境地区路不好走，根本不实地勘察，整天躲在宿舍喝酒泡妞抽大烟。手下给他准备了地图，他看不懂，也不问，干脆扔到一边。而俄国人却一刻也没闲着，情况早已了如指掌。勘界谈判时，俄国人拿出私制的地图，指哪里、说什么，成琦只管连连点头。

俄国人摸清了成琦的底细，开始坑他。

签约之前，俄方勘界负责人说，这是两国大事，咱俩实地走一遍为宜。半天下来，成琦已经累得不行，加上烟瘾发作，涕泗横流，早早就回去了。第二天，成琦死活不愿意再受这个洋罪，俄国人不失时机地拿出自家准备的协议文本，成琦看都没看就签了字。

埋设界碑之前，俄方代表又提出，这是两国大事，咱俩最好到各点搞搞仪式，以示郑重。成琦面有难色，这得跑多少路啊，想累死我呀？对方顺势说：当然，国际上还有一个变通办法，既然两国友好，双方领导可以不出面，派基层干部具体办就行了。

成琦赶紧说这样好，这样效率高！马上指示手下的小办事员，跟俄方人员一起去立碑。

俄方的界碑是石头做的，非常沉重，成琦做的是木牌牌，轻飘飘的。尽管如此，俄国人几圈下来没嫌累，成琦的手下却瘫在地上不动了。上梁不正下梁歪，这些人平时做惯了大爷，何况烟瘾又来了。

这时俄国人及时伸出了友谊之手，对中方办事人员说："这点儿小事我们顺带一块儿办了，你们回去休息吧，咱们谁跟谁呀。"

这边一听，连说"好好好"，一溜烟往回跑。结果，中方一共八根界桩，俄国人帮着立了六根，每根都向中方境内拼命偏移。最要命的是，最具战略意义的编号为"乌"字的一根，本应距日本海仅一箭之地，后来死活找不着！俄国地盘扩大了不说，中国离大海更远了……

二

与成琦恰恰相反，都察院左副都御使（其职责相当于今天的监察部副部长）吴大澂，却是一位奇异卓绝的民族英雄，其成就直到今天也令人难以置信。可惜我们是如此健忘，今天很少有人知道英雄的名字。

1886年，在成琦草草了事的勘界工程25年后，吴大澂过来检查边防工作。这个瘦弱的苏州人一天也不肯歇，踏遍了边境的每一寸土地，尔后秉烛疾书，给光绪皇帝打了一份充满民族义愤和责任意识的报告：

图们江出海口看不到“乌”字牌影子，“土”字牌距海达44公里，远远多于议定距离；由于风吹雪打和俄方肆意挪动，我方木质界桩早就毁损不堪，俄国的界碑则被当地群众称作“马驮界碑”，不知向中国境内流动了多少回；从珲春河到图们江500多里，竟然一根界桩也没有，黑顶子山一带早已变成俄国兵营，中国的一只兔子也进不去。如此下去，整个东北不保，北京将成为前线！

朝廷的意思是死马当活马医吧，成琦之流则买了好酒，兴奋地等着看笑话，朋友和同志则捏着一把汗。而吴大澂，早已横下了一条心，决计完成不可能完成的任务。

战场上做不到的事，谈判桌上能做到吗？在天时地利人和一个不占的困境中，吴大澂困兽犹斗，他的大智大勇发挥得淋漓尽致，给他苦难深重的祖国长了一回脸！

首先是据理力争，要求重立“土”字碑。俄方强词夺理，说海潮涨到哪里哪里就是大海，现在这个位置正合适。吴大澂驳斥道，全世界都知道江口就是海口！按照你们的道理，哪天海水倒灌到长白山，那长白山也是俄国的？由于依据的是正式条约，吴大澂说的又在理，俄方实在找不到借口，最后很不情愿地让了步。

于是，“土”字碑大步向外推进，一块宽 600 米、总面积 10 平方公里的土地重回祖国，使中国距离日本海只有 15 公里，大海清晰可见。

接着，吴大澂提议由中俄两国共享图们江出海权。俄国人大吃一惊：这位中国代表与他的北京同僚不同，竟然具备了现代海权意识！俄国极为敏感地断然拒绝。

吴大澂不依不饶不放手，声称如果俄方不考虑，其他事情就不谈了。双方谈谈停停、停停谈谈，最终达成了这样的妥协：出海权虽不能共享，但中国船只可以借道出海，俄国不得阻止。

从此，中国在法理上有权顺江而下，只要一杯茶的工夫就能驶入日本海。从这里到日本的新潟港只有 400 多公里，比从大连出发要近600公里。

考虑到东北亚复杂的地缘政治现实，获得了图们江的实际出海权，其战略意义无论如何估价都不为过，可谓功在千秋！生活在19世纪的吴大澂目光如此远大，实在不同凡响。

值得一提的是，128年后的2014年5月，中俄两国在上海签署了共建共享扎鲁比诺海港的协议。海港离中国珲春只有18公里，建成后将是东北亚最大的港口，也是中国与欧亚之间新的海上丝绸之路。这个协议的前提条件正是吴大澂当年给我们预备的。

最让俄国人瞠目的是，吴大澂竟然“得寸进尺”，索要黑顶子山地区。把到嘴的肥肉再吐出来，沙俄历史上真没有这样的习惯。但吴大澂故意先说要滨海土地，等于要出海口，俄国人火冒三丈。互不相让的激烈争执，客观上延续了谈判。

就在锯子拉得最艰难的那天夜里，俄国人突然把海参崴港军舰上的氙气大灯一起打开，向中方炫耀武力，警告对手见好就收。

可惜吴大澂不是成琦，他早有安排。整支北洋舰队及时赶来进行“友好访问”，吴大澂热情地把俄方请上定远舰参观。入夜，吴大澂大声命令舰队打开所有电灯，比俄舰的氙气灯不知耀眼多少倍，照得海参崴港一夜无眠。

俾斯麦的名言“真理在大炮射程之内”，俄国人最有体会。虽然在八年后的甲午海战中，中国这支舰队不幸全军覆灭，但此时却稳居世界第三、亚洲第一，其中定远号还是世界上最先进的军舰。

俄国人掂量来掂量去，痛苦地叹了口气，像割肉一般将黑顶子山地区完璧归赵，这就是今天珲春的敬信镇。

仅从土地面积上看，吴大澂为国家争得的总共不过百十平方公里，似乎并不起眼。然而，自鸦片战争以来，清政府与外国的每一次谈判，无不以割地赔款告终，从谈判桌上拿回土地、争得权利，这还是第一回，直到清朝灭亡都是唯一的一次。

中国历史上从来不缺贪官懒官，但这艘老旧大船能够持续往前行进，吴大澂这样的民族脊梁是重要的支撑。在那国家任人宰割、官场人人昏睡的破败年代，中华民族竟站出过吴大澂这样的优秀儿子，怎不令人心潮澎湃、热泪盈盈：谁说中国无人！

三

今天我们来到图们江畔，膜拜吴大澂面朝大海的高大石像，心中自然产生一个疑问：同样的高级官员，成琦为什么会丢弃国家核心利益、遗臭万年？吴大澂为什么能虎口夺食、名垂青史？

在第一次视察东北边务期间，吴大澂就向中央提出了开放东北全境、准许内地移民的建议，这是冒着极大政治风险的：东北是清朝的“龙兴之地”和战略后方，封闭东北是其基本国策，根本没有讨论的余地。

但吴大澂看得清楚，东北之所以不断被外人蚕食，就是因为人烟稀少。只有人口增加了，资源开发利用了，东北才可能稳固。倘若东北出了问题，整个中华民族都没了退路，哪里还有爱新觉罗一家的避风港！

开禁政策实施不过几年，吴大澂再次来到这里，惊喜地发现路边有一群可爱的孩子在捉迷藏，——原来边疆已是人丁兴旺，一片祥和！这位诗人政治家禁不住热泪盈眶，诗兴大发，细腻地描绘了内心的欣喜和豪迈。

在与虎谋皮过程中，吴大澂一有空就反复书写“龙”、“虎”两个大字，爱国激情力透纸背，其手书龙虎碑至今还屹立在那块失而复得的土地上。他每天写日记，抒发必争必死必胜的决心，留下了《皇华纪程》这部洋溢着强烈爱国主义激情的珍贵史料。

在顺利结束对俄维权谈判后，吴大澂一鼓作气，更换了成琦的所有破烂牌牌，加上补立的，总共36块厚重石碑巍然矗立。此外，更有一尊金光闪闪的铸铜界碑，高达四米多，直径一米多，镌刻着他自撰自书的铮铮誓言：疆域有表国有维，此柱可立不可移！

就这样，文弱的吴大澂挟着强烈的民族精神、滚烫的爱国情怀，在虎背熊腰的欧洲人面前，顶天立地，凛然不可侵犯！显然，对国家、民族和人民最真挚最浓郁的爱，正是吴大澂建立奇功的原动力，也是他与成琦大相径庭的内在根源。

不管环境如何，只要有了这份大爱，就有了忠诚和信用，就有了利计天下的浩然正气和无尽的聪明才智，就会有所作为，甚至大有作为。以升官发财为人生目标的人，孜孜以求的只是个人和家庭的私利，贪懒散奢、失信背叛是其本能选择，自然成事不足、败事有余。

让成琦这样的沙子淘汰出局，让吴大澂这样的金子闪闪发光，营造优胜劣汰的从政环境，培育良性循环的政治生态，是国家强盛和民族复兴的前提条件。党中央坚定而持久地开展打贪肃懒、整饬党风行动，其终极意义就在这里。

2014年9月16日发表于《中国纪检监察报》

幸福的老母鸡

今年夏天，在酝酿出版这本小书的时候，中信出版社潘岳总编辑、方正出版社曹轩宁副社长对我说：你要当一只勤奋的老母鸡，多多下蛋，其他事情交给我们。

现在终于凑满了一小筐鸡蛋，马上就要送到消费者手上。回想两年来为老母鸡加油鼓劲的人们，幸福感和感激之情油然而生。

我的老领导宋明昌同志，有中央纪委委员等多个头衔，其实他最早是一名优秀的外科医生，作风很务实。几年前他就说，他觉得反腐倡廉教育工作存在“上面认真讲，下面不爱听”现象，要求我认真研究一下这个问题。如果他没有布置作业，我可能体会不到“讲好故事，事半功倍”的道理。

在签发了我的第一篇文章后，《中国纪检监察报》的史文杰副总编明确要求我“不要停”。没有他的鞭策，可能就没有这本书的出版了。

该报的毛东红同志一直是文章的责编。我们建立了有效的合作模式：我提出选题和思路，他提出修正意见，我动笔。每当文章受到读者好评，或者有人来电追问下一篇什么时间发表时，他总是和我一样高兴。他的敬业精神和专业能力，为文章增添了人气。

国家新闻出版广电总局党组书记蒋建国同志，看了我发表在《中国纪检监察报》上的所有文章，他认为这对提高纪检干部的形象、对于启发党政干部自觉勤廉奉公是有益的。不能忘记的是，他是第一位提出把文章结集出版的领导同志，对此我心存感激，尤其在依依惜别的时候。

中央纪委和全国各地纪检监察官网、中组部官网、人民网等网站，《学习时报》、《红旗文稿》等全国多家报刊，微博和微信等自媒体，不断转载这些文章。我“娘家”的一些领导和同事们，也一直在关注、督促和提醒着我，有的其实是义务编辑。据一些地方党组织和纪检机关反馈，他们把文章用于有关教育活动，发现大家“不打瞌睡了”。总之，这项工作能够持续整整两年不断线，很大程度拜各方面所赐，甚至包括剽窃者。

本书的责任编辑是中信出版社覃田甜和吕艳平女士，还有方正出版社的康弘和王文君先生，他们为这本书付出了艰苦细致的劳动，特别是在时间紧张的情况下。中国社会科学院历史所研究员孙晓博士，从史学角度对文章进行了把关，出版家严军先生贡献了宝贵的经验和智慧。是他们让零散的文字变成了一本书，而书中可能存在的谬误或不当，概由我本人负责。

值得一提的是，本书的出版是中央纪委直属的中国方正出版社与中信出版社的第一次合作。在夏天那次会商中，两家出版社高层迅速达成了这样的共识：把社会效益和政治责任放在首位，为蓬勃发展的反腐倡廉大业提供深入人的心灵、符合阅读规律的文化产品支持。

他们的责任感和使命感震撼和教育了我，我大中华民族伟大复兴的历史，有多少人在共同书写啊！这本小书有幸成为强强合作的第一个结晶，让我感到的是沉甸甸的责任：一名党的纪检干部的责任，和中华民族一分子的责任。因此，我会继续努力。

让我们共同努力!

习骅

2014 年 12 月 21 日于北京